U0589180

中国教育
名家印记

《"四特"教育系列丛书》编写组　编著

吉林出版集团股份有限公司
全国百佳图书出版单位

图书在版编目（CIP）数据

中国教育名家印记／《"四特"教育系列丛书》编写组
编著 . —长春：吉林出版集团股份有限公司，2012.4
　　（"四特"教育系列丛书／庄文中等主编 . 在故事中升
华经典）
　　ISBN 978-7-5463-8665-2

　　Ⅰ . ①中… Ⅱ . ①四… Ⅲ . ①中小学教育－通俗读物
Ⅳ . ① G63-49

中国版本图书馆 CIP 数据核字（2012）第 044090 号

中国教育名家印记
ZHONGGUO JIAOYU MINGJIA YINJI

出 版 人	吴　强	
责任编辑	朱子玉　杨　帆	
开　　本	690mm×960mm　1/16	
字　　数	250 千字	
印　　张	13	
版　　次	2012 年 4 月第 1 版	
印　　次	2023 年 2 月第 3 次印刷	

出　　版	吉林出版集团股份有限公司
发　　行	吉林音像出版社有限责任公司
地　　址	长春市南关区福祉大路 5788 号
电　　话	0431-81629667
印　　刷	三河市燕春印务有限公司

ISBN 978-7-5463-8665-2　　　　　定价：39.80 元

前　言

　　学校教育是个人一生中所受教育最重要组成部分,个人在学校里接受计划性的指导,系统地学习文化知识、社会规范、道德准则和价值观念。学校教育从某种意义上讲,决定着个人社会化的水平和性质,是个体社会化的重要基地。知识经济时代要求社会尊师重教,学校教育越来越受重视,在社会中起到举足轻重的作用。

　　"四特教育系列丛书"以"特定对象、特别对待、特殊方法、特例分析"为宗旨,立足学校教育与管理,理论结合实践,集多位教育界专家、学者以及一线校长、老师们的教育成果与经验于一体,围绕困扰学校、领导、教师、学生的教育难题,集思广益,多方借鉴,力求全面彻底解决。

　　本辑为"四特教育系列丛书"之《在故事中升华经典》。

　　这是一部写给老师的书,因为故事中蕴含着慈爱、和谐、人性的教育方式;这也是一部写给学生的书,因为故事中洒满老师们对学生的温暖、感动、爱意、执着、顽强与刚毅……

　　教育是一门科学,也是一门艺术,是塑造人心智的高超艺术。对于教育人人都有自己的看法,而这本书中的观点能给人以许多启示。本书还汇集了众多著名教育学家、知名教师的经典教育文论,共同领略著名专家学术研究风范,引领我们进入教改理论与实践前沿,分享最新研究成果,把握创新教学理念脉搏,感悟前瞻性的教学思想。

　　教育,润物无声,是一种智慧、一种境界、一种追求。教育的这种智慧,这种境界,这种追求,虽然无声无形,但却有踪迹可寻。在教育实践中,那一个个平凡却并不平淡的片段,或呈现出教师解决问题的教育智慧;或记录着教师走出困惑的教学经历;或展现出教师奉献爱心的热忱。回顾那一个又一个生动的教育实践,既是一个沉淀的过程,也是一个升华的过程。

　　本辑共20分册,具体内容如下:

　　1.《师生情难忘》

　　如果我们的人生有一段华美的乐章,那一定来自老师教给我们的7个音符!一天天,一年年,我们在校园里茁壮成长。从懵懂孩童到青春飞扬,然后进入社会大舞台搏击人生。老师谆谆教诲的深情,是我们前行的灯火,给我们温暖、力量和信念……本书选录了100篇发生在师生之间的真情故事。这些平凡而真切的故事,让我们感动,让我们沉思,让我们回忆,让我们心怀敬意和感激……

　　2.《记忆深处》

　　翩翩红叶,徐徐飘落,总不忘留给土地柔软与肥沃;涓涓泉水,潺潺流淌,总不忘带给岸边甘甜与欢歌。享受"师生"情,奉献真诚心!让我们把握这份情,让心灵浸润在肥沃的土壤,开出绚烂的花朵;让我们紧守这份爱,让生命谱写圣洁的乐曲,唱出青春的赞歌。

在坎坷的人生道路上,是谁为我们点燃了一盏最明亮的灯;在荆棘的人生旅途中,是谁甘做引路人为我们指明前进的方向……是您,老师,把雨露洒遍大地,把幼苗辛勤哺育!无论记忆多么久远,每当想起老师,依然激情难耐;每当面对熟悉的老师,那一瞬间,那一件小事……总是激起我们对老师久蓄于心的感激……

3.《成长足迹》

这是发生在校园里的平凡而又感人至深的师生故事。因为爱,所以在教育的天空下,才会发生这么多感人的故事,这些也是对教育生命的审问、感怀和确认。这是一部写给老师的书,因为故事中蕴含着慈爱、和谐、人性的教育方式;这也是一部写给学生的书,因为故事中洒满老师们对学生的温暖、感动、爱意、执着、顽强与刚毅……

4.《悸动的心灵》

追忆往事并不是轻而易举的事情,在漫长的教育生涯中发现自己最难忘的某一个瞬间,其实也就像重新获得一种生存的意义一样美妙。这些教育故事也许并不是教育的解决之道,但却是对教育生命的审问、感怀和确认。也许我们更应该在教育中活出自己,也许我们既活在未来更活在无限的过去,在这些纷繁复杂却又素朴平凡的场景中,有最乐意的付出,有泪水和智慧,更有日日夜夜用心抒写因而温润无比的爱。

5.《春暖花开》

教育是一门科学,更是一门艺术。执著并献身于教育,不仅需要大步向前,也需要回头反思。回顾那一个又一个生动的教育实践,既是一个沉淀的过程,也是一个升华的过程。走进本书,这里全是暖暖的爱。

6.《孩子的微笑》

教育,润物无声,是一种智慧、一种境界、一种追求。教育的这种智慧,这种境界,这种追求,虽然无声无形,但却有踪迹可寻。在教育实践中,那一个个平凡却并不平淡的片段,或呈现出教师解决问题的教育智慧;或记录着教师走出困惑的教学经历;或展现出教师奉献爱心的热忱。

7.《故事里的教育智慧》

本书主要关注家庭教育、学校教育及社会教育中家长与孩子、教师与孩子、孩子与孩子之间的故事,它的特色是小故事蕴含大道理。其宗旨是:讲述真实的教育故事,研究深切的教育问题,创生新锐的教育思想,激活精彩的教育行动。其风格是:直面真实,创新为本和故事体裁。

8.《难忘的教育经典故事》

根据家长、教师和孩子的困惑,用各种形式的教育故事讲述一些很明白的道理,引导人用智慧的手段促进人的成长。这些故事或来自国外的或来自一线教学的实践,对于教育类人群均具有启发性。一个个使教师深思的小故事,一个个让学生向善的小故事,让我们教师真正领会生命教育的内涵。从现在开始关注生命的成长,关注人类的发展,关注社会的进步。

9.《中国教育名家印记》

在人类文明的进程中,数不清的教育大家,手擎着大旗,浓书着历史,描绘着蓝图,才有了今日教育的巨大进步。他们站在教育的殿堂里,发出的宏音,留下的足印,历史永远都不应该忘记,也不会忘记。

本书编者放眼中国教育进程,遴选出对教育产生重大影响的国内近百位教育名家,对其生平、教育思想、学术成果等进行介绍评说。

10.《外国教育名家小传》

在人类文明的进程中,数不清的教育大家,手擎着大旗,浓书着历史,描绘着蓝图,才有了今日教育的巨大进步。他们站在教育的殿堂里,发出的宏音,留下的足印,历史永远都不应该忘记,也不会忘记。

本书编者放眼人类教育进程,遴选出对教育产生重大影响的近百位世界教育名家,对其生平、教育思想、学术成果等进行介绍评说。

11.《随手写教育》

什么是良好的教育?教育是诗性的事业?性教育何去何从?是否应该把儿童世界还给儿童?假设陈景润晚生40年……本书汇聚了中国最佳教育随笔,对于和教育相关的各个方面问题都有所畅谈,对于教育者和被教育者来说都有所裨益。

12.《我心思教育》

本书涉及到了教育学众多的重要领域和主题,包括教育的真义、教育的价值、教育与社会、教育与生活、课程与教学、道德教育、师生关系、教师的学习与成长等等。它力图用感性的文字表达理性的思考,用诗意的语言描绘多彩的教育世界,以真挚的情感讴歌人类之爱,以满腔的热情高扬教育的理想与信念。

13.《教育新思维》

本书站在教育思想的前沿,以既解放思想又科学审慎的态度,兼用独特的视角,论述了近年的教育理论新说,涉及"教育呼唤'以人为本'"、"公民教育"、"素质教育新解读"、"教育公平与政府责任"、"创新人才培养"、"文化传承与创新"、"教育家办学"等热门话题。这些文章,不避偏,不畏难,遵循教育发展规律和中小学生身心发展规律,引领教育理念和教育实践,反思教育行为误区,无不闪烁着思想和智慧的光芒。对于渴望提升自身理论素养的教育工作者来说,这本书值得一读。

14.《名家名师谈教育》

本书使读者在学习和掌握教育理论的同时,领略到文章的理趣、情趣和文趣,既有助于深厚教师的文化底蕴,又有助于帮助广大教师确立对于教育的理想与信念;既有助于培养和激发广大实践工作者的理论兴趣,又能帮助教师生成教育的智慧和提升广大读者对于生活的热爱与柔情。

15.《世界眼光看教育》

本书荟萃了多位世界级教育思想巨擘的主要思想。从皮亚杰的发生认识论、维果茨基的文化—历史理论、布鲁纳的结构主义,加德纳的多元智能一直到诺丁斯的关怀教育思想等等,现当代世界教育思想的发展脉络清晰、准确而完整。

本书既有思想评介,又有论著摘录,无论教育研究人员还是一线教育工作者,均可非常便捷而精准地从中获得思想大师们的生动启迪,加深对当代教育发展特质的深切理解,是教育、教研、教学工作者不可多得的必备工具书。

16.《大师眼中的教育》

这不是一本以教育专家的身份、眼光、学养来谈教育的书。本书各篇文章提供了许多新史实、新观点,为我国教育史和教育理论工作者长期以来对某些历史人物评价的思维定势提供了新的清醒剂。

17.《教育箴言》

名人名言是前人留给我们的精神财富和智慧结晶。阅读它,不仅能丰富知识,陶冶情操,更能为我们的人生之路指引方向。该书着重论述三方面的内容:教育——造福人类的千秋伟业;教师——人类灵魂工程师、育人的典范;师德——塑造教师灵魂的法宝。

18.《百家教育讲坛》

这是一本兼具思想性、可读性和经典价值的教育智慧读本。书中介绍了孔子、卢梭、爱因斯坦、康德、梁启超、杜威、蔡元培、叶圣陶等几十位古今中外思想家、科学家、教育家关于教育的精彩论述,集中回答了教育的本质、教学的艺术、知识之美、教师的职业生活、儿童的成长等问题。探幽析微,居高声远,让我们直窥教育本原之堂奥。归真返璞,正本清源,你会发现,教育,原来可以如此朴素而美好。

19.《名师真经》

本书从专家心理学研究出发,以新教师到专家教师这一成长过程为线索,剖析了教师在专业化发展中出现的主要问题与阶段性特征,动态性是展现了教师成长的内在原因与实质,并有针对性地提出了促进新教师成为专家教师的系列化教学理念、观点与方法,这有助于教育研究者与实践工作者深入理解教师专业发展的规律,有利于在观念层面上树立科学的教师人才观,以制定行之有效的教师培养方法与措施。

20.《师道尊严》

本书意在激励教师以站着的方式获得成功。全书讲述了站着成长的精神、站着成长的思想、站着成长的基础、站着成长的学问和站着成长的行动。全书力求字字诉说教师成长之心声,篇篇探寻教师优秀之根本,章章开启教师幸福之道路。

由于时间、经验的关系,本书在编写等方面,必定存在不足和错误之处,衷心希望各界读者、一线教师及教育界人士批评指正。

编者

C目录
ONTENTS

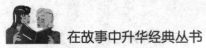

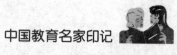

孔 子

生平简介

孔子（前551年9月28日~前479年4月11日）名丘，字仲尼，春秋末期鲁国陬邑人。孔子是我国古代伟大的教育家和思想家，儒家学派创始人，世界文化名人。据《史记—孔子世家》载，孔子的祖上本是宋国（今河南商丘一带）贵族，他的六世祖孔父嘉在宋国内乱中被杀死在宋国，其曾祖父孔防叔为了逃避追杀，从宋国（今河南商丘夏邑县）逃到了鲁国。公元前551年9月28日（夏历八月二十七日），孔子出生于鲁国陬邑昌平乡（今山东省曲阜市东南的鲁源村）；公元前479年4月11日（农历二月十一日），孔子逝世，享年72岁，葬于曲阜城北泗水之上，即今日孔林所在地。孔子的言行思想主要载于语录体散文集《论语》及《四节》中。

孔子年轻时做过鲁国高官，治国极好，贪官纷纷逃往它国，它国领袖也变得很敬畏鲁国。

但他一生大部分时间都是从事教育工作，相传所收弟子多达三千人，其中贤人72，教出不少有知识有才能的学生，"桃李满天下"就出自此处。孔子任鲁国司寇；后携弟子周游列国；最终返回鲁国，专心执教。在中国五千年的历史上，对华夏民族的性格、气质产生最大影响的人，就算是孔子了。在世时已被誉为"天纵之圣"、"天之木铎"、"千古圣人"，是当时社会上最博学者之一，并且被后世尊为至圣（圣人之中的圣人）、万世师表。因父母曾为生子而祷于尼丘山，故名丘，曾修《诗》、《书》，定《礼》、《乐》，序《周易》，作《春秋》（有说法为《春秋》为无名氏所作，孔子修订）。

1

孔子的思想及学说对后世产生了极其深远的影响。面对春秋时期诸侯争战不休、人民困苦不堪的现实，孔子不是像宗教家那样创造出一个外在的超越的全知全能的救世主——通过天启和神谕来规范人们的思想和行为。而是回首历史，到上古"圣王"那里去寻找智慧。孔子自谓"述而不作"，实际是以"述"为"作"，通过对历史传统作当代诠释，来实现价值的叠加和转换。他正直、乐观向上、积极进取，一生都在追求真、善、美，一生都在追求理想的社会。他的成功与失败，无不与他的品格相关。他品格中的优点与缺点，几千年来影响着中国人，特别是影响着中国的知识分子。

观点与思想

孔子思想、学说的精华，比较集中地见诸于《论语》一书，共二十篇，一万一千余字。《论语》就是孔子的语录，也有一些是对孔子弟子言行的记录，是孔子的弟子及其再传弟子对孔子言行的追记。此书对中国历史产生了深远而巨大的影响。它的思想内容、思维方式、价值取向都早已融入了我们民族的血液，沉淀在我们的生命中，铸成了我们民族的个性。《论语》一书集中阐述了儒家思想的核心内涵——仁。"仁"是一切理论的中心，所有的关于"仁"、"乐"的规范，都不过是手段，是为实现"仁"这一道德的最后完美服务的。《论语》作为中华文化的代表，早在秦汉时期就传入了朝鲜和日本，日本《大宝令》还指定它为日本学生的必修课。1594 年，传教士利玛窦将它译为拉丁文后，它又被转译为意、法、德、英、俄等多种文字，在西方各国广泛传播。

孔子其思想以"仁"为核心，以为"仁"即"爱人"。提出"己所不欲，勿施于人"等论点，提倡"忠恕"之道，又以为推行"仁政"应以"礼"为规范："克己复礼为仁"。对于殷周以来的鬼神宗教迷信，采取存疑态度，以为"未知生，焉知事鬼"，"不知命，无以为君子也"。又注重"学"与"思"的结合，提出"学而不思则罔，思而不学则殆"和"温故而知新"等观点。首创私人讲学风气，主张因材施教，"有教无类"，"学而不厌，诲人不倦"，强调"君子学道则爱人，小人学道则易使也"。政治上提出"正名"主张，以为"君君、臣臣、父父、子子"，都应实副其"名"，并提出"不患寡而患不均，不患贫而患不安"观点。自西汉以后，孔子学说成为两千余年封建社会的文化正统，影响极深。

说到治理国家，孔子重视民生疾苦，呼唤仁政，希望统治者以仁义之心待民，他说"苛政猛于虎"，他还强调无论什么法令法规，统治者都要首先以身作则，"其身正，不令而行；其身不正，虽令不行"。在人际交往中，孔子强调的是忠和恕。

"忠"就是以忠实诚信的态度对人，以恪尽职守的态度待事；"恕"就是要推己及人，"己所不欲，勿施与人"，"君子成人之美，不成人之恶"。在为人处世上，孔子提倡自爱和爱人。孔子对天命持谨慎态度，他更相信人自己的力量。他认为"性相近也，习相远也"，一切要看个人后天的努力。当然，《论语》中也有一些思想是与历史潮流相背离的，如他政治上的复古倾向，他对等级、秩序的过分强调，他的内敛的人格价值取向等，这一切都不可否认的给中国社会的发展带来了负面影响，需要我们用现代意识对之加以修正。但瑕不掩瑜，在人类文明刚刚露出曙光的先秦时代，我们的祖先就具有如此深刻的生命智慧，是足以让我们这些后人为之骄傲的。

孔子思想在近现代以来的新发展是指近代西方文明输入中国以后，在中西文明碰撞交融条件下产生的新儒学。新兴的"大众儒学"是当代新儒学发展的又一成果。

地位与影响

孔子自"而立"之年即以《诗》、《书》、《礼》、《乐》为教，更以他至伟人格中的一言一行，一动一静而示范为教。是他开了我国历史上私人讲学的先河，将以前学在官府，文化知识是贵族们的专利的现象，移植到民间。他首先提出"有教无类"的方针，不分贫贱富贵，均可以在他那里受教。在弟子中，贫如颜回，富如子贡，贵如孟懿子，然绝大多数是平民子弟，有来自卫、齐、陈、吴等国的，真可谓桃李满天下。其教学目的，是传他的人道学说。即克己复礼为仁，变化学生气质，成就人格，提高生命境界，终至成物。也即造就治国、平天下的栋梁之材。并采用"因材施教"和启发式的方法，培养学生的"学而时习之"，"温故而知新"，"学而不思则罔，思而不学

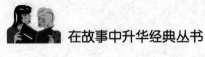
则殆"，"知之为知之，不知为不知"，"三人行必有我师"，"不耻下问"等风范。更以他诲人不倦的精神，对学生如慈母般的关怀备至，如严父般的导以正道，如朋友般的切磋相长，莫不因其才而成就之，故能将浩瀚的传统文化推广和流传下来。

孟　子

生平简介

孟子（前372年～289年）（生于周烈王四年，卒于周赧王二十六年），山东邹城人。名轲，字子舆。又字子车、子居。父名激，母仉氏。中国古代伟大的思想家。战国时期儒家代表人物之一。著有《孟子》一书，属语录体散文集。《孟子》一书是孟子的言论汇编，由孟子及其弟子共同编写而成，记录了孟子言行的儒家经典著作。

孟子师承子思（一说是师承自子思的学生），继承并发扬了孔子的思想，成为仅次于孔子的一代儒家宗师，有"亚圣"之称，与孔子并称为"孔孟"。孟子曾仿效孔子，带领门徒游说各国。但是不被当时各国所接受，退隐与弟子一起著述。有《孟子》七篇传世，篇目为：《梁惠王》上、下；《公孙丑》上、下；《滕文公》上、下；《离娄》；《万章》上、下；《告子》上、下；《尽心》上、下。其学说出发点为性善论，提出"仁政"、"王道"，主张德治。南宋时朱熹将《孟子》与《论语》、《大学》、《中庸》合在一起称"四书"。从此直到清末，"四书"一直是科举必考内容。孟子的文章说理畅达，发挥详尽气势充沛并长于论辩。

孟子远祖是鲁国贵族孟孙氏，后家遭衰微，从鲁国迁居邹国。据说，孟子三岁丧父，孟母艰辛地将他抚养成人，孟母管束甚严，其"孟母三迁"、"断机教子"等故事，成为千古美谈，是后世母教之典范。

观点与思想

民本思想

"民为贵，社稷次之，君为轻。"意思是说，人民放在第一位，国家其次，君在最后。孟子认为君主应以爱护人民为先，为政者要保障人民权利。孟子赞同若君主无道，人民有权推翻政权。正因此原因，《汉书》（艺文志）仅仅把《孟子》放在诸子略中，视为子书，没有得到应有的地位。到五代十国的后蜀时，后蜀主孟昶命令人楷书十一经刻石，其中包括了《孟子》，这可能是《孟子》列入经书的开始。到南宋的孝宗时，朱熹将《孟子》与《论语》、《大学》、《中庸》合在一起称《四书》，并成为《十三经》之一，《孟子》的地位才被推到了高峰。传说明太祖朱元璋因不满孟子的民本思想，曾命人删节《孟子》中的有关内容。

仁政学说

孟子继承和发展了孔子的德治思想，发展为仁政学说，成为其政治思想的核心。他把"亲亲"、"长长"的原则运用于政治，以缓和阶级矛盾，维护封建统治阶级的长远利益。

孟子一方面严格区分了统治者与被统治者的阶级地位，认为"劳心者治人，劳力者治于人"，并且模仿周制拟定了一套从天子到庶人的等级制度；另一方面，又把统治者和被统治者的关系比作父母对子女的关系，主张统治者应该像父母一样关心人民的疾苦，人民应该像对待父母一样去亲近、服侍统治者。

孟子认为，这是一种最理想的政治，如果统治者实行仁政，可以得到人民的衷心拥护；反之，如果不顾人民死活，推行虐政，将会失去民心而变成独夫民贼，被人民推翻。仁政的具体内容很广泛，包括经济、政治、教育以及统一天下的途径等，其中贯穿着一条民本思想的线索。这种思想是从春秋时期重民轻神的思想发展而来的。

孟子根据战国时期的经验，总结各国治乱兴亡的规律，提出了一个富有民主性精华的著名命题："民为贵，社稷次之，君为轻"。认为如何对待人民这一问题，对于国家的治乱兴亡，具有极端的重要性。孟子十分重视民心的向背，通过大量历史事例反复阐述这是关乎得天下与失天下的关键问题。孟子说："夫仁政，必自经界始"。所谓"经界"，就是划分整理田界，实行井田制。孟子所设想的井田制，是一种封建性的自然经济，以一家一户的小农为基础，采取劳役地租的剥削形式。每家农户有五亩之宅，百亩之田，吃穿自给自足。孟子认为，"民之为道也，有恒产者有恒心，无恒产者无恒心"，只有使人民拥有"恒产"，固定在土地上，安居乐业，他们才不去触犯刑律，为非作歹。孟子认为，人民的物质生活有了保障，统治者再兴办学校，用孝悌的道理进行教化，引导他们向善，这就可以造成一种"亲亲"、"长长"的良好道德风尚，即"人人亲其亲、长其长，而天下平"。孟子认为统治者实行仁政，可以得到天下人民的衷心拥护，这样便可以无敌于天下。孟子所说的仁政要建立在统治者的"不忍人之心"的基础上。孟子说："先王有不忍人之心，斯有不忍人之政矣。""不忍人之心"是一种同情仁爱之心。但是，这种同情仁爱之心不同于墨子的"兼爱"，而是从血缘的感情出发的。孟子主张，"亲亲而仁民"，"老吾老以及人之老，幼吾幼以及人之幼"。仁政就是这种不忍人之心在政治上的体现。

孟子把伦理和政治紧密结合起来，强调道德修养是搞好政治的根本。他说："天下之本在国，国之本在家，家之本在身。"后来《大学》提出的"修齐治平"就是根据孟子的这种思想发展而来的。

道德伦理

孟子把道德规范概括为四种，即仁、义、礼、智。同时把人伦关系概括为五种，即"父子有亲，君臣有义，夫妇有别，长幼有序，朋友有信"。孟子认为，仁、义、礼、智四者之中，仁、义最为重要。仁、义的基础是孝、悌，而孝、悌是处理父子和兄弟血缘关系的基本的道德规范。他认为如果每个社会成员都用仁义来处理各种人与人的关系，封建秩序的稳定和天下的统一就有了可靠保证。

为了说明这些道德规范的起源，孟子提出了性善论的思想。他认为，尽管各个社会成员之间有分工的不同和阶级的差别，但是他们的人性却是同一的。他说："故凡同类者，举相似也，何独至于人而疑之？圣人与我同类者。"这里，孟子把统治者和被统治者摆在平等的地位，探讨他们所具有的普遍的人性。这种探讨适应于当时奴隶解放和社会变革的历史潮流，标志着人类认识的深化，对伦理思想的发展是一个巨大的推进。

地位与影响

孟子生前虽未能实现其平治天下的愿望，但他的思想是上承孔子、下启荀子的先秦儒学的一个重要发展阶段，对后世的政治、经济、文化等产生了重要的政治影响和思想影响，同时对东西方文化也产生了广泛影响。

孟子的思想集中反映在《孟子》一书中。性善说，是孟子思想的基石，它贯穿于整个思想体系之中。为人的自我修养、自我完善提供了可能；为用教育的方法来解决人的问题乃至社会问题，提供了理论依据。他主张人生来都是善良的，都具有"四心"，即恻隐之心、羞恶之心、恭敬之心和是非之心。这"四心"就是仁、义、礼、智的发端。

"施仁政，行王道"是他政治思想的中心内容。他系统阐述了"仁政"型社会和谐理论，这一理论以经济和谐为基础，以道德和谐为核心，以上下和谐为主干，以善政善教为两翼。他主张"以德服人"，反对暴力治国，认为只有用"德"才能使人"心悦诚服"。"重民轻君"是他"仁政"学说的重要组成部分，他把人民放在第一位，提出"民为贵，社稷次之，君为轻"。

孟子还十分注意人格修养，他的"富贵不能淫，贫贱不能移，威武不能屈"的名言对于塑造中华民族的精神性格起到了不可估量的作用，尤其对中国历代优秀知识分子的性格塑造，更是起到了直接的作用。孟子强调人的价值和尊严，更强调人的社会责任心。他赞扬禹稷的救世精神，提倡乐以天下，忧以天下。他认为，生命与义，都是人所珍贵的，当生命与义不可兼得时，应当舍生取义。

在教育思想上，孟子非常重视培养贤才，把"得天下英才而教育之"作为人生最大的乐事。他认为"以天下与人易，为天下得人难"，"尊贤使能，俊杰在位"是国家富强的根本。他继承和发扬孔子的教育思想，以"性善论"为基础，提出了"明人伦"的教育目的，特别强调学习过程中要有独立思考和见解。

孟子离开我们已经两千多年，他的性善说成为中国传统人性论的主流；他的王道、仁政学说，历代王朝奉为施政准则；他的良知说，启发了宋明理学的革新派；他的养气说，为后来心性论提供了可贵的思想资料；他的仁者无敌、得道多助、失道寡助的思想，为后世外交军事的最高指导原则；他关心农业生产，使人民不饥不寒，几千年来被为政者奉为圭臬；他的社会和谐理论是中国古代社会和谐理论的代表，对我们今天构建社会主义和谐社会依然具有多方面的启迪意义。

孟子的思想不仅在国内影响深远，在国外也得到广泛传播，由于地理与政治的原因，《孟子》一书首先同其他儒家经典一起传入了高丽、日本、越南等国。孟子的思想学说在西方也得到广泛的传播，早在明万历二十一年（1593年），意大利传教士利马窦就把《孟子》译成拉丁文传回本国。随后，《孟子》又相继被译为法、德、英、俄等文，在西方诸国刊行。牛津大学把《孟子》中的篇章列为公共必修科目。伦敦大学把《孟子》列为古文教本。面对西方现代化后出现的种种社会问题，许多西方学者对孟子的思想学说特别是道德心性学说产生了浓厚的兴趣，希望从中找出解决当今社会问题的办法。

　　孟子是在中国历史和世界文化史上具有影响的人物，《孟子》一书亦成为世界文明的瑰宝。

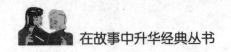

董仲舒

生平简介

董仲舒（公元前179～公元前104），董子，汉代思想家，政治家。为儒学取得正统地位作出巨大贡献。广川人（今河北景县），是西汉一位与时俱进的思想家，西汉时期著名的唯心主义哲学家和今文经学大师。景帝时任博士，讲授《公羊春秋》。汉武帝元光元年（前134），董仲舒在著名的《举贤良对策》中，提出其哲学体系的基本要点，并建议"罢黜百家，独尊儒术"，为汉武帝所采纳。其后，任江都易王刘非的国相10年；元朔四年（前125），任胶西王刘端的国相，4年后辞职回家。此后，居家著书，朝廷每有大议，令使者及廷尉就其家而问之，仍受武帝尊重。董仲舒以《公羊春秋》为依据，将周代以来的宗教天道观和阴阳、五行学说结合起来，吸收法家、道家、阴阳家思想，建立了一个新的思想体系，成为汉代的官方统治哲学，对当时社会所提出的一系列哲学、政治、社会、历史问题，给予了较为系统的回答。

公元前134年，汉武帝下诏征求治国方略。儒生董仲舒在著名的《举贤良对策》中系统地提出了"天人感应"、"大一统"学说和"罢黜百家，独尊儒术"的主张。董仲舒认为，"道之大原出于天"，自然、人事都受制于天命，因此反映天命的政治秩序和政治思想都应该是统一的。他把儒家的伦理思想概括为"三纲五常"。汉武帝采纳了董仲舒的建议，儒学开始成为官方哲学。

观点与思想

行教化、重礼乐

董仲舒对统治者强调人事的重要，认为"事在强勉"，"治乱兴废在于己"，只要尽力"行道"，那就会"德日起而大有功"，就可以收到速效，统治地位就可以巩固。在董仲舒看来，君主的重要职责是实施教化。他认为仁、义、礼、乐都是治道的工具，古代圣王所以能够长治久安，都是礼乐教化的功效，所以王者的职责就在于"承天意以从事，任德教而不任刑"，"以教化为大务"。由此得知，董仲舒认识到教育作为统治手段的重要作用。

在把教育工作放在政治的第一位的思想指导下，董仲舒要求汉武帝不但要"求贤"，而且更重要的是要"养士"。他说："夫不素养士而欲求贤，譬犹不琢玉而求文采也。"养士三法以太学为最重要，所以他又说："故养士之大者，莫大乎太学。太学者贤士之所关也，教化之本原也。"他要求汉武帝"兴太学，置明师，以养天下之士"。

他又认为当时的吏治不贤明，其原因在于选举不当。他对当时纳资授官和积日累久的升官办法提出了批评，建议"使诸列侯、郡守、二千石，各择其吏民之贤者，岁贡各二人，以给宿卫"，通过试用，便当"量材而授官，录德而定位"。他认为只要这样尽心求贤，天下之士便可得而官使，只要遍得天下的贤人，就哪怕像三王那样的兴盛也容易做到，像尧舜那样的名声也可以赶得上。

兴太学、重选举

董仲舒认为，这两种具体措施必须统一在一种指导思想下，才能发挥为当时政治服务的作用。他指出当时思想的不统一，会妨碍政治的统一。他说："今师异道，人异论，百家殊方，指意不同，是以上无以持一统，法制数变，下不知所守。"因此他建议："诸不在六艺之科、孔子之术者，皆绝其道，勿使并进"。这便是"独尊儒术，罢黜百家"的政策。他认为这样一来，就会"邪辟之道灭息，然后统纪可一而法度可明，民知所从"。董仲舒为中国封建社会找到了"儒术"作为最合适的上层建筑，以儒家思想代替汉初的道家思想作为整个政治的指导思想，并且为汉代及其以后的历代封建王朝制定了"独尊儒术"的政治统治和文化教育方针。

董仲舒关于上述三个建议的思想，不但影响了汉武帝的政教政策，而且影响了两汉及后来各封建王朝的政教政策。

论人性、教育对象与作用

董仲舒在他的思想体系中提出了神学化的人性论。他认为人受命于天，人性是从天得来的，他的人性论的政治目的是企图把封建阶级和等级制度看作都是出于天意或天道的，从受之天命的人性中，便决定了谁该做统治者，谁该做被统治者；谁应该高一等，谁应该低一等；谁应该受教育，谁不应该受教育。他认为这种天命、人性决定的封建秩序是不能改变的。

董仲舒提出了性三品的思想，把人性分为上、中、下三等，即圣人之性、中民之性和斗筲之性。他认为上下两种人的性都不能叫做性，只有中等人的性才可以叫做性。这种性三品说的实质是把人区分为三等，是一种由神意决定的阶级论。上等人就是圣人，他们的性不仅生来就是善的，并且是超过"善"的，人类社会"善"的标准和具体内容就是由他们制定出来的。上等人是不多的，只包括统治阶级的最高阶层，包括帝王和那些制礼乐、定法度的当权人物。下等的斗筲之人是指封建社会中最贫苦最"低贱"的劳动人民，他们的性生来就是恶的，根本上不算是人性，简直把他们排挤在人性之外了。圣人生而知之，不必受教育；斗筲之人则是愚昧的，不能受教育的。除了上下两种人以外，其余的都是中民，这指的是地主阶级。中民具有善质，但必须受了教育之后才能成为善性。所以董仲舒的教育对象就是这个中民等级的人，贫苦的劳动人民是排除在教育之外的。

董仲舒把中民之性，即把地主阶级的人性当作一般的人性，他所说的性就是指中民之性而言的。他认为性只是质材，它的本身还不能说就是善，必须"待教而为善"。这就是说性只具有教育的可能性，受了教育之后，这种善的可能性才能变为现实性。他说：

"性比于禾，善比于米，米出禾中而禾未可全为米也；善出性中，而性未可全为善也。天生民性，有善质而未能善，于是为之立王以善之，此天意也。民受未能善之性于天，而退受成性之教于王，王承天意，以成民之性为任者也。今万民之性待外教然后能善，善当与教，不当与性。"

这就从地主阶级的先天禀赋肯定了地主阶级受教育的可能性，又从地主阶级的政治要求肯定了地主阶级受教育的必要性。他批评孟轲的性善说，认为孟轲既然说人性已善，那就没有教育的必要了。这一点，他比孟轲强。但是董仲舒又认为人同时具有"贪"和"仁"两种性，这又陷入了善恶二元论，这是他企图把孟轲的性善说和荀况的性恶论结合起来的结果。他认为天有阴阳，所以禀之于天的人性也就是有善有恶。他又认为性属阳，是善的；

情属阴，是恶的。人生来就具有性和情两个方面，也就是具有善和恶两种性。他虽然说"情亦性也"，但又说"身之有性情也，若天之有阴阳也"。这又似乎陷入了性情二元论。这样他把性当作是善的，实质上维持了所谓"正宗"儒学即孟轲的性善学说。他把情从性划出来以后，便进一步主张扬性抑情了。他以为天道是禁止阴的，所以人也应该"损其欲而辍其情"，这就是说要发展善性而抑止恶情，这种思想为后来宋明理学家所发展而提出了"存天理，灭人欲"的主张。

董仲舒吸取了荀况的性恶论思想，认为万民的从利就好像水往下流一样，如果不用教化去提防它，就不能停止。他从这一点来强调教育的必要性，并把教育当作防止恶性发展的工具。他甚至认为教育的作用像制陶器和冶金一样，可以随意铸造，把国家的治乱兴废都归于礼乐教化，这又未免夸大了教育的作用。

论知识和教学

董仲舒从他的"天人感应"学说出发，认为人心和天心是相连的，"天命"是人的认识能力的泉源。他的认识论是唯心主义的，神秘主义的。他认为真正的知识不是"众物"的知识，而是要知道事物的"本心"；要体察事物的本心，那就只有依靠"内视反听"的内省方法。他认为天有阴阳，人也有阴阳，可以互相呼应。因为天与人之间可以"同类相动"，人的内心有什么想法，天就会以类相应，所以人想求雨，天就会下雨，因此通过人的内省和直观就可以体认事物的本质。他以为"名"就是"真"，因为"名"是取之于天的。因此，"名"就是我们所要认识的真理，也就是我们学习的对象。

董仲舒要求学习儒家的"六经"，他说："《诗》、《书》序其志，《礼》、《乐》纯其美，《易》、《春秋》明其知"。但他又认为"六经"各有所长，《诗》长于质，《礼》长于文，《乐》长于风，《书》长于事，《易》长于数，《春秋》长于治人，所以学者应"兼其所长"，不要"偏举其详"。这种"兼其所长"的教学观点是可取的。

在学习上，他提出了"多连"和"博贯"的方法。他以为只要"连而贯之"，就可以推知天下古今的知识。这是一种唯心主义的方法论。但是联系和贯通，在一定条件下，在一定范围内，在教学上往往可以用来加强理解，融

会贯通。在学习范围上，他认为不能太博也不能太节，太节就会使得知识暗昧，太博又会使人厌倦。这种思想也有一定道理。

董仲舒要求教师尽量达到"圣化"的境地，"善为师者，既美其道，有慎其行；齐时早晚，任多少，适疾徐；造而勿趋，稽而勿苦；省其所为，而成其所湛，故力不劳而身大成，此之谓圣化，吾取之。"他从要求教师以身作则开始，进而论及教学应该适时，应该注意受教育者的才性，要能从容引导，不急不缓。比较符合教学规律，这是孔子因材施教、循循善诱教学原则的具体发展。

地位与影响

董仲舒在新的历史条件下复兴了被扼杀达百余年之久的儒家文化，而且一个新的历史时期融会贯通了中国古典文化中各家各派的思想，把它们整合为一个崭新的思想体系。他的著作后来大都汇集在《春秋繁露》一书中。

董仲舒的哲学基础是"天人感应"学说。他认为天是至高无上的人格神，不仅创造了万物，也创造了人。因此，他认为天是有意志的，和人一样"有喜怒之气，哀乐之心"。人与天是相合的。这种"天人合一"的思想，继承了思孟学派和阴阳家邹衍的学说，而且将它发展得十分精致。

董仲舒认为，天生万物是有目的的。天意要大一统的，汉皇朝的皇帝是受命于天来进行统治的。各封国的王侯又受命于皇帝，大臣受命于国君。家庭关系上，儿子受命于父亲，妻子受命于丈夫，这一层层的统治关系，都是按照天的意志办的，董仲舒精心构筑的"天人感应"的神学目的论，正是把一切都秩序化、合理化，正是为汉皇朝统治者巩固其中央集权专制制度服务的。

董仲舒利用阴阳五行学说来体现天的意志，用阴阳的流转，与四时相配合，推论出东南西北中的方位和金木水火土五行的关系。而且突出土居中央，为五行之主的地位，认为五行是天道的表现，并进而把这种阳尊阴卑的理论用于社会，从此而推论出"三纲五常"的道德哲学。这里所说的三纲是"君为臣纲，父为子纲，夫为妻纲"。三纲五常为董仲舒提倡之后，成为我国古代维护历代封建皇朝统治的工具。

他认为"道"是源出于天的，"天不变，道亦不变"。即是说"三纲五常"、"大一统"等维护统治秩序的"道"是永远不变的。那么，如何解释皇位的更换和改朝换代呢？为此，他提出了"谴告"与"改制"之说。他认为统治者为政有过失，天就出现灾害，以表示谴责与警告。如果还不知悔改，就出现怪异现象。若是还不知畏惧，于是大祸就临头了。

他认为人的认识活动受命于天，而认识的目的是了解天意。通过内省的途径就能判断是非，达到"知天"的目的。另外还必须通过对阴阳五行的观察，才能达到对天意、天道的了解。正是按照"尽心"、"知性"、"知天"的模式，达到"天人合一"。他还认为通过祭祀能与神相沟通，使之能看见一般人所看不见的东西，这样就能知道天命鬼神了。这种认识论达到了神秘的程度。

在人性论上，董仲舒异于孟子的性善论，也不同于荀子的性恶论，而是主张性三品说。他认为性是由天决定的，性是天生的质朴，虽可以为善，但并非就是善，只有"待外教然后能善"，即人性善是通过教育的结果。君王要顺天之意来完成对人民的教化。他着重教化，并提出"防欲"，比先秦思想家只讲"节欲"、"寡欲"更为深刻。

董仲舒的思想，是西汉皇朝总结历史经验，经历了几十年的选择而定下来的官方哲学，对巩固其统治秩序与维护大一统的局面起了积极的作用。董仲舒不仅是正宗神学的奠基者，又是著名的经学家。他是一位承前启后、继往开来的思想家，为以后的封建统治者提供了如何进行统治的理论基础。

董仲舒思想的主要特色，是以儒家学说为基础，引入阴阳五行理论，建成新的思想体系。董仲舒说："王道之三纲，可求于天"，"天不变，道亦不变"，董仲舒以"天人感应"的神学思想宣称：帝王受命于天，是秉承天意统治天下的，因此成为"天子"。按照这个说法，帝王自然就具有绝对的统治权威，这是汉武帝最需要的精神武器。董仲舒从天人关系出发，又根据"阳尊阴卑"的思想，建立一套"三纲五常"的伦理学。董仲舒建议统一学术，统一思想，直截了当地提出了"大一统"的政治思想，为维护封建统治帝王的绝对统治服务。

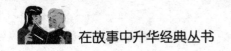

韩　愈

韩愈的生平

韩愈，字退之，邓州南阳人，生于唐代宗大历三年（公元768年），死于穆宗长庆四年（公元824年）。因为他的先祖曾在昌黎居住过，所以后人就称他为昌黎先生。他出身于官僚地主家庭，他的七世祖茂有功于后魏，曾被封为安定王；父亲名仲卿，曾为武昌令，当时颇有文名。韩愈幼年时，处境极苦，三岁丧父母，由伯兄韩会抚养，十岁随伯兄贬居韶州（广东曲江），13岁时，他的伯兄又死，乃由寡嫂郑氏抚育成长。他在幼年时，即自知刻苦读书，发愤用功，"日记数千百言"。尽管没有师傅的教导，但他仍能自己研习六经、百家书籍而无不通晓。25岁时，即举进士第，惟三度以博学鸿儒试于吏部，都落选。后由节度使张建青的推荐而开始从政，先担任"推官"、"县令"、"刺史"等地方官吏；继又调为四门博士，从事教授生活；后又出而为刺史，入为国子博士数次。他以"才高数黜，官又下迁"，乃作"进学解"以自谕。四十岁以后，以佐裴度平淮西而擢为刑部侍郎。至元和十四年（公元819年），宪宗遣使持香花迎佛骨，愈以谏阻此事而贬为潮州刺吏，穆宗即位，奉召回京为兵部侍郎，后又转为吏部侍郎。他57岁（长庆四年，公元824年）就死了。

韩愈在教育事业上的活动，除了一次为四门博士，两次为国子博士，一次为国子监祭酒（即当时的大学校长）外，在潮州刺史任内，曾捐薪创设"乡学"，聘进士赵德为师，以教导当地的子弟，使教化褥以传播推广。当时一般文人凡经他传授指导过的，都自称为韩门弟子，其中以李翱、李汉、皇甫湜等最为有名。

韩愈的著作，由他的门人李汉编为"《昌黎先生集》"四十卷，此外还有不知何人所编的"《昌黎先生外集》"十卷，《遗文》一卷，作品中以诗文为最多。从他所作的《论佛骨表》、《与孟尚书书》及《原道》、《原性》等文，可以看出韩愈的哲学及社会政治观点；从他所著的《师说》、《进学解》、《子产不毁乡校颂》、《潮州请置乡校牒》等文，可以看出他的教育观点。

韩愈的教育思想

韩愈的思想和学说，完全是从儒家出发，以崇儒卫道为己任来排斥佛教与道教的。汉代以后的社会，长期处于动摇不定的状态中，儒家学说也随着社会的变化而衰落。韩愈很想在唐代大地主阶级经济复兴的基础上，替儒家做一些复兴工作，并进而以继承尧、舜、禹、汤、文、武、周公、孔子、孟轲的道统自居。

韩愈为了实现和巩固大地主阶级统治的理想，一方面吸取了汉儒董仲舒"罢黜百家，独尊孔子"的见解，进一步把秦、汉以来儒家荀、孟两派对峙的局面，转变为独尊思孟一派，以直接继承孔子的儒家正宗；在另一方面，他反对道家的"圣人不死，大盗不止，剖斗折衡而民不争"的言论，同时特别反对佛家的"弃而君臣，去而父子，禁而相生养之道，以求其所谓清净寂灭"的主张。（《原道》）他把佛教当作"夷狄之一法"来看待，认为如果上下信仰，普遍流传下去，必然会受到"老少奔波，弃其业次"的祸害，（《论佛骨表》）其结果必然会使大地主阶级的政权发生动摇。可知韩氏的反对佛教，是从"夷夏"的观点和世俗大地主利益出发的。但是他在反对的理由中，也有从生产劳动的人日少而剥削的人日多来加以反对的。他以为"古之为民者"，仅有士、农、工、商四种，"今之为民者六"，除原有"士、农、工、商"之外，又加了信奉佛教的僧尼和道教的道士等二种，这些人都是空谈幽禅迷信、不事耕种劳动和生产事业的，结果"生之者寡，食之者众"，形成了社会不安定的现象。所以他的反对佛教道教，虽然从世俗大地主利益出发，但在一定程度上也反映了中小地主、商人乃至农民、手工业者的利益，并打破了些迷信思想，是具有进步意义的。

韩愈曾竭力反对科举制度和章句之学，提倡"古文运动"。韩氏自己虽然从科举出身，但由于他应试博学鸿儒，曾三度落选，因而对当时的科举考试制度极感不满。他曾经指出，科举制度的缺点是"有司者好恶出于其心"，考试的高下，不在学问而出于主持考试者主观的好恶而定。他又认为，即就考

试及格所取的诗赋文章而论，"可无学而能"，甚至"读之乃类于俳优者之词"。这种人考取以后也不可能达到为仕的目的。

韩愈反对当时科举中提倡的"明经"一科，因为它专门注重记诵经籍中章句之学而无丝毫学术上的发明。他更加反对魏晋以至唐代的骈体文章，竭力提倡"古文运动"。所谓"古文运动"，实即散文运动，就是要学习先秦两汉的文体，即一般人容易理解、便于说理的散文，也就是要在古代散文的基础上，尤其是在《史记》的基础上，建立一种新的散文。他主张"以文代诗"，使"韵散同体"，"诗文合一"，摆脱过去文章中注重"平仄"、"音韵"等的束缚。

他认为文章必须有内容，所谓"学所以为道，文所以为理耳。"（《送陈秀才彤序》）"为文宜师古圣贤人……师其意不师其辞……为文无难易，惟其是耳。"（《答刘正夫书》）从此可知，韩氏的主张，名义上虽然提倡"古文运动"，实质上却要矫正当时文章"靡靡入于衰坏"的错误，改变内容空虚、追求形式而不切实际的作风。这种主张，对于唐代以后文学内容的改善，有着很大的影响。

韩愈学说中与教育最有关系的是"人性论"。他在人性问题上并没有什么新的见解，还是依据儒家传统的阶级观点，并承袭了汉儒董仲舒的"性三品说"。他从自己所代表的阶级利益出发，提出对于人的性情的看法。他认为性是先天的，人生而有性；情是后天的，是与物接触后感应而生的。他认为性与情的品级有上、中、下三等。上等的性是善的；中等的性是可善可恶的；下等的性是恶的。无论何等品级的性，都具有仁、礼、信、义、智五常之性，不过具有上等性的人，气质清明，其中有一为善，其余四者都能发挥其作用。具有中等性的人，气质较浊，五性若即若离，其中一稍有相反，其余四者必然混淆不清。具有下等性的人，气质更坏，如果其中有一正相反，其余都随之而坏。

韩氏认为，情虽分上、中、下三等，但无论何等的人，都具有喜、怒、哀、惧、爱、恶、欲等七情。上等的人的情感，都能合乎中道；中等的人有时要过或不及，但还能求得合乎其中；下等的人，完全依照过或不及任意妄行。他认为性与情是一致的，性有何种倾向，情亦随之而变，情与性也是同样的。所谓"性之于情，视其品。……情之于性，视其品"，（《原性》

韩氏论人性，虽然有些不偏于善不偏于恶的主张，但实际上认为人性的"三品"，都固定在原有品的范围内而不能移动。他说："上之性，就学而愈明；下之性，畏威而寡罪；是故上者可教而下者可制也，其品则孔子谓不移也。"照他的意见，下品的性，不可能进而为中品，更不可能进而为上品；对下品的人只能利用刑罚，使他们"畏威而寡罪"；对中品的人，可兼用教化和刑罚；只有上品的人可"就学而愈明"。这与董仲舒的"性三品"说同出一辙，完全是从统治阶级立场出发的唯心主义观点。

韩愈把教育与刑法并列，作为巩固世俗大地主封建统治的重要武器，以教化作为教导人民的必要措施，并把它抬到首要地位。他主张的教育目的，还是绝对遵守儒家经典中一贯的中心思想，不外乎明"先王之教"罢了。"先王之教"是什么呢？他提出"仁、义、道、德"四字。他在《原道》中说："夫所谓先王之教者，何也？博爱之谓仁，行而宜之之谓义，由是而之焉之谓道，足乎己无待于外之谓德；其文，《诗》、《书》、《易》、《春秋》；其法，礼、乐、刑、政……其为道易明，而其为教易行也。"

韩愈着重提出"仁、义、道、德"四字，作为"先王之教"的中心内容。这四个字载之于文字则为《诗》、《书》、《易》、《春秋》；施行的方法则为札、乐、刑、政，实施的对象则为被统治者的士、农、工、商。究其实质，他的主要目的，无非要使大家明白人伦中"君臣、父子、夫妇"的"三纲五常"的道理，以巩固和维护统治阶级的政权与地位。

关于教学方法，从韩愈有名的《进学解》一文中，可看出他的主张。他首先提出为学的成功在于勤勉，失败在于因循。其次指出求学的方法，必须提纲挈领，找出重点，而更重要的在于夜以继日地苦心钻研。他也主张"因材施教"，要求教师教导学生必须像木工处理木材。各尽其用，毫无废弃，尤其重要的是教师本身必须具备丰富的知识和学问，好像良医储备各种药材以便随时用于治疗一样。

韩愈在有名的《师说》一文中，指出了教师的三大任务——"传道、授业、解惑"。他认为，具有能担负这三种任务的能力，就已具备了为师的资格。他说："是故弟子不必不如师，师不必贤于弟子，闻道有先后，术业有专攻，如是而已。"这些见解是很宝贵的。

总之，韩愈在宗教问题上大力反对佛教和道教，破除当时社会一般人士的迷信思想，是具有一定进步意义的。但他承袭了董仲舒推崇孔氏一派儒家学说的主张，高唱儒家道统，宣扬思孟一派的学说和观点，使唐、宋以后思想家受了很大的束缚；在人性问题上，又主观地发展了董仲舒的"性三品"说，提出拥护大地主统治阶级的说教，为封建统治阶级服务。他还指出人们求师学习的重要性，他的《师说》一文，是具有相当价值的。他所提倡的"古文运动"，引起了当时文学的重大改革，纠正了魏、晋以来烦琐空虚的学风，在教育上发生的影响也是很大的。

朱 熹

生平简介

朱熹（1130～1200 年）中国著名思想家。字元晦，后改仲晦，号晦庵。别号紫阳，祖籍徽州婺源（今属江西），汉族。其父朱松，宋宣和年间为福建政和县尉，后寓居福建。朱熹出生于福建尤溪，14 岁丧父，随母定居崇安（今福建武夷山市）五里夫。绍兴十八年（1148）中进士，历仕高宗、孝宗、光宗、宁宗四朝，曾任知南康，提典江西刑狱公事、秘阁修撰等职。后由赵汝愚推荐升任焕章阁侍制、侍讲。庆元三年（1197），韩侂胄擅权，排斥赵汝愚，朱熹也被革职回家，庆元六年病逝。嘉定二年（1209）诏赐遗表恩泽，谥曰文，寻赠中大夫，特赠宝谟阁直学士。理宗宝庆三年（1227 年），赠太师，追封信国公，改徽国公。

朱熹是宋代理学的集大成者，他继承了北宋程颢、程颐的理学，完成了客观唯心主义的体系。认为理是世界的本质，"理在先，气在后"，提出"存天理，灭人欲"。朱熹学识渊博，对经学、史学、文学、乐律乃至自然科学都有研究。其词作语言秀正，风格俊朗，无浓艳或典故堆砌之病。不少作品的用语看得出都经过斟酌推敲，比较讲究。但其词意境稍觉理性有余，感性不足，盖因其注重理学的哲学思想故也。

哲学思想

理气论

朱熹继承周敦颐、二程，兼采释、道各家思想，形成了一个庞大的哲学体系。这一体系的核心范畴是"理"，或称"道"、"太极"。朱熹所谓的理，有几方面互相联系的含义：①理是先于自然现象和社会现象的形而上者。②

理是事物的规律。③理是伦理道德的基本准则。朱熹又称理为太极，是天地万物之理的总体，即总万理的那个理。太极只是一个理字。太极既包括万物之理，万物便可分别体现整个太极。这便是人人有一太极，物物有一太极。每一个人和物都以抽象的理作为它存在的根据，每一个人和物都具有完整的理，即"理"。气是朱熹哲学体系中仅次于理的第二个范畴。它是形而下者，是有情、有状、有迹的；它具有凝聚、造作等特性。它是铸成万物的质料。天下万物都是理和质料相统一的产物。朱熹认为理和气的关系有主有次。理生气并寓于气中，理为主，为先，是第一性的，气为客，为后，属第二性。

动静观

朱熹主张理依气而生物，并从气展开了一分为二、动静不息的生物运动，这便是一气分做二气，动的是阳，静的是阴，又分做五气（金、木、水、火、土），散为万物。一分为二是从气分化为物过程中的重要运动形态。朱熹认为由对立统一，而使事物变化无穷。他探讨了事物的成因，把运动和静止看成是一个无限连续的过程。时空的无限性又说明了动静的无限性，动静又是不可分的。这表现了朱熹思想的辩证法观点。朱熹还认为动静不但相对待、相排斥，并且相互统一。朱熹还论述了运动的相对稳定和显著变动这两种形态，他称之为"变"与"化"。他认为渐化中渗透着顿变，顿变中渗透着渐化。渐化积累，达到顿变。

格物致知论

朱熹用《大学》"致知在格物"的命题，探讨认识领域中的理论问题。在认识来源问题上，朱熹既讲人生而有知的先验论，也不否认见闻之知。他强调穷理离不得格物，即格物才能穷其理。朱熹探讨了知行关系。他认为知先行后，行重知轻。从知识来源上说，知在先；从社会效果上看，行为重。而且知行互发，"知之愈明，则行之愈笃；行之愈笃，则知之益明"。

心性理欲论

在人性论上，朱熹发挥了张载和程颐的天地之性与气质之性的观点，认为"天地之性"或"天命之性"专指理言，是至善的、完美无缺的；"气质之性"则以理与气杂而言，有善有不善，两者统一在人身上，缺一则"做人不得"。与"天命之性"和"气质之性"有联系的，还有"道心、人心"的理论。朱熹认为，"道心"出于天理或性命之正，本来便禀受得仁义礼智之心，发而为恻隐、羞恶、是非、辞让，则为善。"人心"出于形气之私，是指饥食渴饮之类。如是，虽圣人亦不能无人心。不过圣人不以人心为主，而以道心为主。他认为"道心"与"人心"的关系既矛盾又联结，"道心"需要通过"人心"来安顿，"道心"与"人心"还有主从关系，"人心"须听命于"道心"。朱熹从心性说出发，探讨了天理人欲问题。他以为人心有私欲，所以危殆；道心是天理，所以精微。因此朱熹提出了"遏人欲而存天理"的主张。朱熹承认人们正当的物质生活欲望，反对佛教笼统地倡导无欲，他反对超过延续生存条件的物质欲望。

美学思想

朱熹的哲学体系中含有艺术美的理论。他认为美是给人以美感的形式和道德善的统一。基于美是外在形式的美和内在道德的善相统一的观点，朱熹探讨了文与质、文与道的问题。认为文与质、文与道和谐统一才是完美的。朱熹还多次谈到乐的问题。他把乐与礼联系起来，贯穿了他把乐纳入礼以维护统治秩序的理学根本精神。朱熹对"文"、"道"关系的解决，在哲学思辨的深度上超过了前人。他对《诗经》与《楚辞》的研究，也经常表现出敏锐的审美洞察力。

地位与影响

朱熹是理学的集大成者，中国封建时代儒家的主要代表人物之一。他的学术思想，在中国元明清三代，一直是封建统治阶级的官方哲学，标志着封建社会更趋完备的意识形态。元朝皇庆二年（1313）复科举，诏定以朱熹《四书集注》为标准取士，朱学定为科场程式。朱元璋洪武二年（1369）科举以朱熹等"传注为宗"。朱学遂成为巩固封建社会统治秩序的精神支柱。它强化了"三纲五常"，对后期封建社会的变革，起了一定的阻碍作用。朱熹的学术思想在世界文化史上，也具有重要影响。

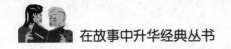

竺道生

东晋末叶，我国佛教发展进入一个关键的时期。在此前，佛教虽有迅速发展，但是，多数佛教学者受玄学的影响，故阐发经义采用格义的方法，即用玄学的理论来理解佛教般若学，并用玄学的概念来比附、解释佛教名相。僧徒们谈玄论空，蔚然成风，佛学成了玄学的附庸。甚至不少僧徒依语滞文，执迷于言象，有重蹈汉儒囿守章句覆辙的趋势。佛学要进一步发展，就必须打破守滞外象、执著言语的形式主义，要进一步摆脱对玄学的依附。就在这个重要关头，涌现了一位"孤明先发"、转变风气的大师，他就是我国佛教史上著名的涅槃圣人竺道生。

竺道生本姓魏，钜鹿（今河北晋县、藁城一带）人，寓居彭城（今江苏徐州一带）。他出身在士族家庭，父亲当过县令，在家乡颇有影响。道生自幼聪明绝顶，深受父亲钟爱。后来遇到著名僧侣竺法汰，遂跟他出家、伏膺受业。按照当时风习，改姓竺氏。

竺道生进入佛门之后，努力学习，研讨经义，进步很快。年方15岁，就登上讲座，开讲经论。他才思出众，侃侃而谈，对于人们提出的问题，对答如流，辞彩精美，震惊四座。当时的高僧名士，与他交论，无不理屈辞穷，服其精致。后来有人作文追忆此事，说古代鲁仲连挫败田巴，项托问倒孔子，也不过如此而已。

20岁的时候，竺道生受具足戒，按照佛门规矩，这就有了大僧的资格。竺道生受具足戒后，器鉴更加高远，讲演传法，名声传遍海内。王公贵族知名之士，争着来听讲；求学的人士，则不远千里，前来求教。道生风雅从容，善于接诱；加之脾气直爽，态度温和，气度不凡，所以听过他讲论教导的人，都衷心悦服。

不过竺道生并不因年轻名高而陶醉。他深深感到，要悟彻佛教的道理，关键在于慧解，即通过独立思考，对佛理真有心得，融会贯通。而当时佛学界的通病，正在于不求慧解，只津津乐道于咬文嚼字，甚或人云亦云，随声附和。于是他来到当时南方佛教中心之一的庐山，幽栖七年，遍读群经，悉心钻研；对于各家各派的理论亦一一商讨，斟酌取舍，如此艰苦卓绝的努力，都是为了实现自己求得"慧解"的志愿。

在庐山期间，竺道生有幸遇到来华讲学的著名罽（jì 寂）宾（今尼泊尔）沙门僧伽提婆。提婆是小乘佛教一切有部的大师。他在庐山译出一切有部的主要典籍《阿毗昙心》。道生遂与名僧慧远、同学慧睿、慧观等同向提婆学习，畅达小乘要理，穷究《阿毗昙心》的奥秘。闻见日广，造诣日深。

后来大乘佛教的大师鸠摩罗什自凉州入关，居于长安。竺道生闻讯大喜，万里随法，不畏艰险疲苦，即与同学慧睿、慧严同赴长安，从罗什受业。在罗什的指引下，竺道生的佛学修养进到一个新的境界。罗什与他言谈之际，常相称咏。后秦国主姚兴特地在逍遥园接见他，让他问难道融提出的理论。道生与道融辩论，往复百回，言无不切。听众目睹竺道生的风神，都佩服他无与伦比的才学。是时罗什门下另一高足僧肇，也是佛学大理论家。江东名士刘遗民与他通信中提到最近见到竺道生。僧肇答书说：竺道生到长安几年，我们都很佩服称赞他。你有机会和他相见，却没抓住机会向他请教，甚为遗憾！关中佛教界对于竺道生的崇高评价，于此可见。

竺道生在长安从罗什学习几年之后，便南返回到建康（今南京）。这时东晋已亡，刘宋代兴。建康是刘宋京城，名僧济济，为南方又一佛学重镇。

宋文帝刘义隆早就听说竺道生的大名，道生回到建康，便请他住在青园寺。一次，宋文帝隆重设立斋会，请城中众僧同来赴会用斋。宋文帝亲自参加筵宴，御厨格外隆重对待，美味佳肴，一道一道地摆出来，不知不觉间太阳已经过中。根据佛教戒律，吃饭须在午前，过中而食为佛之切戒，僧徒们抬头看看太阳，确实已经过中，因而迟疑不敢就食，宋文帝无法，只是硬说太阳刚到正中，劝大家就餐。正在犯难之时，竺道生应声说：白日丽天，天（此暗指宋文帝）说始中，谁说非中？说完拿起钵来就吃，所有僧众也就跟着他吃起来。一件进退两难的大事，由于竺道生才思敏捷，随机应变，才得到圆满的解决。他这种不死守教条，机智灵活的思想作风，在他发挥经义的工作中起到很大作用。

竺道生来到京城时，法显从天竺带回的六卷《泥洹》（又译《涅槃》）已在京城流传。道生获得此经，进行了深入的研究。他剖析经理，洞入幽微，把握了言外之意，乃喟然叹道：形象是表达意思、思想的，把握了思想就可忘掉形象；语言是说明道理的，明白了道理就可以息言。自从经典东传，翻译的人限于种种条件，大多拘泥于文字，很少有人能融会贯通教义。学习佛理就像打鱼一样，打到了鱼就应舍弃鱼网去取鱼，能做到这点的人，才能够与他谈佛教的道理。于是根据经中的阐述，辅之以合理的推断，提出了"一阐提人皆得成佛"，即断绝善根的人都能成佛的论断，并进而创立善不受报，顿悟成佛的理论。

竺道生能够孤明先发，提出上述独创的见解，是他领会和运用四依真谛的结果。四依是指依法不依人；依明白其道理的经典，不依不明白道理的经典；依义理不依片言只语；依智慧不依经验。他按此四依，发明佛经真义，真可称得上四依菩萨。但是，道生提出的全新观点在流行的六卷《泥洹》中并无直接的文字说明，而有此说法的大本《涅槃经》又尚未传来；更重要的是竺道生提出的新理论严重违背了门阀士族特权阶级的利益。门阀士族不但在现实世界中能够平流进取，坐至公卿，而且在彼岸世界中也要垄断天堂的宝座以及进入天国的途径。所以他们需要性有等差的学说；还需要做功德种福田的理论，以利于他们在骄奢淫逸之余，用"积善"的小惠得成佛的果报。竺道生提倡一切众生皆有佛性，皆可成佛，等于打破了士族特权阶级对进入天国之路及天堂宝座的垄断；提倡善不受报说，等于否定了他们写经、造像、修寺、度人出家等等伪善的行径。因此，竺道生的理论受到代表士族利益的京城佛教阶层的坚决反对，他们指责竺道生的学说为邪说，对竺道生群起围攻，最后竟聚集全体僧徒，当众宣布将竺道生开除出教团，驱逐出境。这种处罚是佛律中最重的处罚，然而竺道生并没有被吓倒、被压服。面对这种粗暴的压制和打击，他理正辞严，当众发誓："如果我的主张违反了经义，我愿今生即得疠疫；如果我说的和实相不相违背，愿我临终之时，重登讲座，坐在狮子座上而逝。"说完拂衣而去，对于泥旧不化，粗暴蛮横的京城教团表示了严正抗议。

竺道生离开建康后，首先到了吴郡（今江苏苏州），住在虎丘山。当地僧众闻风前来参拜求教，不上十天，道生门下已有学徒数百。当年夏天，道生在建康的旧居青园寺被雷击焚毁。人们纷纷传说，佛殿中有龙升到天上，耀眼的光芒笼罩了两壁。大家感叹说：龙飞走了，道生也一定要离去了。人们还说，竺道生在虎丘山坚持自己的观点，对着石头说法，顽石为之点头。这些美丽的传说，反映了广大僧徒对道生的敬仰和同情，也是对建业教团的讥刺和嘲讽。

在虎丘山住了一段之后，竺道生再度来到庐山，销影于峰峦之中。但是，他并没有消沉，而是在山中更大力地开讲《涅槃经》，不屈不挠地弘传自己的学说。山中僧众，对他都很敬服。他又辛勤进行著述，写下了《泥洹经义疏》、《小品经义疏》、《二谛论》、《法身无色论》、《佛无尽土论》、《应有缘论》、《顿悟成佛义》、《佛性当有论》等著作，笼罩旧说，被后世誉为涅槃圣。

后来，大本《涅槃经》由来华印度高僧昙无谶译出，传到了京都。此经果然说一阐提皆有佛性，皆可成佛，与道生所说合若符契。有人把此大本《涅槃经》送到庐山给竺道生。道生获得此经，喜出望外。他立即建座开讲，并受经中关于佛性问题论述的启发，进一步发展了顿悟成佛说。

刘宋元嘉十一年（434年），竺道生已是七十多岁的老人。冬十月庚子日，天晴气爽，竺道生庄严地于所住庐山精舍升上法座，和颜悦色地开讲《涅槃经》。他议论奔放，富于感情。论议数番，把道理说得如此透彻、明白，听众无不情高气昂。讲席将散的时候，忽见道生的手臂垂了下来，手中麈尾纷纷披散。大家近前一看，这位渊博精深的佛学大师，坚强不屈的佛教革命家已经溘然与世长辞。他神色安详，凭几而逝，犹如坐禅入定似的。是的，这位不知疲倦的佛教理论家、宣传家也该好好休息了。过去，当大本《涅槃经》未到之前，他身受摈斥，久遭谗毁。那时他顽强地抗争，殷切地期待，相信终有一天，自己的先见之明会被证实，被多数僧侣理解和接受。为了事业的胜利，他不能休息，如今，他的夙愿已经实现。临终据狮子座的誓言也已兑现，所以他安然瞑目，放心地去了。

道生去世的消息传开，远近悲悼。京城的僧人们，也深感惭愧和内疚，转而信服道生的学说。

道生死后，他的学说得到很广泛的传播。其弟子道猷、法瑗等人，皆祖述老师的顿悟义。一代名士谢灵运，也服膺道生的学说。最高封建统治者如宋文帝、宋孝武帝等人，对于道生之说更是推崇备至，利用各种方式加以弘扬。三百多年之后，慧能于唐中叶创立禅宗，以明心见性、顿悟成佛为宗旨，和道生的思想有甚深的渊源关系。所以道生虽然"孤明先发"，然而其道不孤，他生前亲自教导了许多僧俗弟子，死后犹能以其创造性的学说开启来者，真可谓其事可风，其行可师了。

王 通

一个天朗气清的日子，秋风瑟瑟，汾水滔滔。龙门附近汾河北岸的一座小亭中，石几上陈放着一张古朴的焦尾琴，琴旁一尊小香炉，几柱细香正升起一缕缕袅袅的青烟；琴前端坐着一位先生，看年纪也不过20上下，但峨冠、博带，宽阔的脑门，炯炯的两眼，微闭的双唇敦厚凝重，飘飘的长须直垂腰际，那神情是既潇洒又儒雅。他的身旁拱立着七八位青年，或凭栏远眺，或倚柱谛听，一个个恭恭如、怡怡然，正静候先生抚琴呢。

这时，只见那先生长袖一拂，略一凝神，便徐徐拨动琴弦，轻拢、慢燃，悠扬深沉的琴声顿时从他指端流泻出来，铮铮然似歌似泣，如诉如怨，低回婉转于汾水上空，逐渐逸向寥廓的苍穹。这时恰有一叶扁舟从远处顺流而下。舟上一位钓者，青箬笠，绿蓑衣，垂竿鼓棹而来。他聆听琴声有顷，不禁高声赞道："寄托遥深，多美的琴意啊！有所感伤，却能心平气和；有所怨愤，而不流于狂躁；身处山泽之中，而有匡时救世之志，恰似姜太公垂钓于潘溪之上，又如孔夫子卜宅于泗水之滨哟！"先生一听，不觉一愣，忽然换了个曲子，弹起相传为虞舜所制的古乐来。钓者听后叹道："噫！曲调与心情怎么不符呢？行'道'能够利益百姓，立功足以扶济天下，这不是虞舜的心思吗？倒不如虞舜自己来弹为好。现在弹的虽是《南风》之曲，所操的感情却与古不同。"先生听罢，急忙推开琴，抬头问身边的青年们："情感对于琴声的影响竟有如此大吗？"起身想请钓者来谈谈，不料钓者却摇着鱼竿打着船桨去远了。

远去的钓者显然是位修养深厚的隐者。对于弹琴的先生，他可真算得上知音，一番话恰当准确地道出了先生的胸臆。这位先生是谁呢？他就是隋朝末年有名的儒家大学者，姓王，名通，字仲淹。他身边的那几位青年，都是跟随他求学问道的弟子。王通是河东绛州龙门，（在今山西省河津县）人，祖上好几代人都读书通儒术。王通出生于隋开皇四年（584年），从小受到儒家思想的陶冶，立志勤修苦学，做一番利国利民的大事业。于是不辞辛苦，到处寻师访道，向东海人李育学习《尚书》，向会稽人厦碘学习《诗经》，又向河东人关子明请教有关"礼"的知识，跟从北平人霍汲精研"乐"典，还与叔父王仲华考究《易经》。经过六年的刻苦学习，他的学问大进，名声远播，本州推举他参加"秀才"科考试，又以优异的成绩名登金榜。

科举的成功给予王通很大的鼓励。他二十岁那年，毅然来到京城长安，向隋文帝上书献策。隋文帝知道王通颇有些名气，便在宫中召见了他。于是他在文帝面前指陈古今，旁征博引，大谈儒家那一套尊王道、摒霸道的治国方略，一共提出了十二条致太平之策。讲到得意处，仿佛世界就在自己指掌之中，心想皇帝一定也很欣赏吧？偷眼一瞧，没想到隋文帝正半闭着眼，似睡非睡的不知在想什么呢！这一下犹如一瓢冷水当头泼下，王通心都凉了。他料定自己的谋略是没有被采纳的希望了，急忙草草地打住了自己的话头。

果然，朝廷对王通的那一套政治理论不感兴趣，他的太平策被束之高阁，其本人被委派做蜀郡司户书佐，后来又曾任蜀王侍读，都是地位低微的小官。

上书献策的失意给王通很大的打击，佐杂卑职的生涯更违背他的志向，乃慨然感叹道："我身怀的大'道'不能推行，还有什么路可走呢？只有退归田园，把我的'道'记述下来，让它传播而已。"于是辞官回到家乡，一心一意地做起研究、著述工作来。他仿照孔子的六经，续《诗》、《书》，正《礼》、《乐》，修《元经》，赞《易》道，经过九年的努力，把自己对社会政治的看法和行政治国的主张写成六部书，被称为续六经。在此期间，他的名声越来越大，人们钦敬他的道德文章，从四面八方赶来拜他为师，向他求学。他也乐于收徒授业，借以传播自己的政治和学术主张。于是他门下人才济济，兴旺发达。河南的董常，泰山的姚义，南阳的程元、河东的薛收、中山的贾琼等成为他的得意门生。后来成为唐初著名将相的李靖、窦威、房玄龄、魏徵、温大雅、陈叔达以及杜淹等传说也北面拜王通为师。至于来来往往以各种形式受教于王通的人多达千余。因此，王通成了隋末著名大儒，一代名师，他讲学传道的河（黄河）汾（汾河）地区（约当今山西西南部河津、新绛、临猗、夏县一带）也成为隋末一个学术中心。

王通传道授业的方法灵活多样，留下了许多宝贵的经验。例如，他很重视实行，一再教导学生要把学到的道理贯彻到行动中去。他的学生贾琼将到楚公那儿去当僚属,临行王通为他饯别,席间贾琼向老师请教如何处理好与上司的关系?王通说:"远离上司的时候行为要检点,不要显得与人格格不入;接近上司时不要阿谀奉承,规劝上司要从一般利害关系婉转分析,不要与他进行激烈的争辩。"贾琼听了恳切地说:"老师说得太好了,我要终生牢牢记住您的话。"王通说:"不,应该是终生照那样去做。"后来,王通还在各个不同的场合谆谆教导学生要知而即行。他说:"了解一个道理不一定难,要按这个道理去做才是真正困难的。"又说:"懂得一个道理,不如按这个道理去做。"

王通经常通过亲切的谈话给予学生有力的鼓励和引导。有一次,贾琼、王孝逸、凌敬三位学生和他在一起,王通便与他们聊起了兴趣和志愿的问题。他问学生们说:"你们最喜欢的是什么?贾琼说:"我喜欢闲居。"王通说:"好啊,闲居无事,可以安安静静地思考人生大道理。"王孝逸说:"我喜欢听到别人批评、指正自己错误缺点的意见。"王通说:"说得对,有错误缺点能听到别人指出,的确获益不少。"凌敬说:"我乐于遇到善人。"王通说:"贤人们聚集一堂,真是赏心乐事。"又有一次,有人向王通的弟子姚义请教孔庭礼法的事。姚义根据自己的理解,很详尽地作了回答。王通听说后,连声称赞道:"姚子真是把握了孔庭之法的真谛了!"

不过王通对学生的错误意见也能及时加以纠正。学生们都很佩服先生学识渊博,而且年纪轻轻就取得了丰硕的成果。程元说:"老师是天纵聪明,他的成果不是积学能达到的。"王通听到这番议论后,把程元叫到身边,语重心长地说:"程元,你知道吗?天下没有不学而能有所成就的。"这里表面上是纠正了学生们对自己不恰当的称赞,实际上讲明了天资和勤奋的正确关系。此后,学生们都更加勤奋好学了。

王通还很注重以自己的模范行动教育学生,言教与身教并重。他讲学的中心问题是"仁"和"礼"。他认为"仁"就是要爱护人、同情人,强调人的重要性;"礼"是使人们恪守本分,做到贵贱有等,上下有序,是国家治乱的关键,任何时候都不可不注意的。对于这二者,他都身体力行,严格贯彻、遵守。有人请教他成就王、霸事业的方略,他答道:"不要因为富有天下而看轻一个小百姓的生命。"他本人见到耕作的农夫,当差的官役,都要低头加以慰劳。他在自己的乡里不骑马乘驴,每天一听到鸡叫头遍就起床梳洗,穿戴得整整齐齐，毫不含糊。他待人谦和，家居平易近人，连和小孩们都厮混得很熟。要是有事使唤人家，哪怕对方是奴仆厮养，也总是敛容而言，显出庄重的态度，决不吆吆喝喝，颐指气使。他这种凡事出之于"仁"，合之于"礼"的做法，赢得了学生们的衷心钦仰，给学生们很大的影响。他的得意门生仇璋，原是龙门关的关吏。一次，王通自龙门关渡河到韩城，与仇璋接触时谈吐儒雅，后来渡河时在惊涛骇浪中船只急剧巅簸，船舵摇摆不定，王通仍安然端坐，从容镇定。这种风范使仇璋佩服得五体投地，把王通看得跟圣人一样高大，因而舍弃职位，跟着来到韩城，投到王通门下当了弟子。贾琼、程元也说，单凭先生的风范、气度就使他们折服，不忍离去。

当然，王通所以能吸引成千上百学生，更主要是他学识的博大精深，特别是他的政治学说中包含着不少进步的内容。他提倡的"忠"是要帮助君王行善政，反对为君王文过饰非的愚忠。有位学生问："凡是美德和功绩都归于君主，凡是错误过失都自己承担下来，称得上忠吗？"王通说："这不是忠，不过是把美名让给君主罢了。"对于秦汉以来人们津津乐道的封禅、大赦，他提出批评说："封禅劳民伤财，古代圣贤是不为的。后之帝王讲究封禅，只是用以夸示天下而已，完全是一派好大喜功的奢侈心理。"又说："不搞大赦、特赦的国家，其刑罚一定公平合理；大事聚敛的国家，其财富一定易于消耗。"还说："占着高官厚禄不干事白吃饭的人遍地皆是，王道哪能兴盛呢？"这些精辟的议论，既是对历史经验的总结，又是对隋末现实政治的讽刺和抨击，锋芒已经指向昏君污吏，这对一位儒家学者来说，殊属难能可贵。

更加可贵的是，王通虽以孔子继承人自命，事事标榜仿效孔子，但实际上他对孔子的某些主张有所修正。譬如孔子蔑视体力劳动，瞧不起体力劳动者，学生樊迟向他请教耕田种菜的方法，他不耐烦地说："我不如老农"、"我不如老圃"，事后还骂樊迟是小人。王通则不然，他不但时常慰勉农夫，而且亲自参加耕田。有人问他："这样做不是太辛苦了吗？"他严肃地说："一个男子不耕，就可能有人因而挨饿。况且耕田是普通百姓的职责，不尽职责的人，天地间难逃其咎，我又怎能逃避劳动呢？"

对于儒家争正统和轻视、排斥少数族的观念，他也持比较灵活的态度。例如对北魏一朝，从正统的儒家观念出发，自然应该斥之为索虏，极力加以贬低乃至丑化。但王通却充分肯定了北魏孝文帝的政绩，赞扬孝文帝太和年间的政治接近儒家理想的"雅"的标准，在经过几百年社会动乱之后为中国树立了政治的好榜样。他修的《元经》是模仿《春秋》的，但此书对于东晋十六国南北朝时期王朝正统的处理（刘宋以前以东晋、刘宋为正统，刘宋以后却以北魏、北周为正统），认为北魏统一了中原，又吸收了南朝的礼、乐制度，日后隋朝直接继承魏、周，故北魏、北周宜为当时华夏正统。这种历史观，比起当时南、北史各自标榜正统、互相谩骂对方为索虏、岛夷，应该说是比较进步的。

王通对于当时盛行的佛、道二教和此前的玄学清谈，也有比较现实和宽容的态度。他说："《诗》、《书》盛行，秦朝却灭亡了，那是因为秦朝不行《诗》、《书》之道，不是孔子的过错。同样，玄学兴起而晋朝大乱，也不是老、庄的罪过，因为玄学本是讲的太古之学，不是适用于现实政治的学问。晋朝士大夫滥用玄学自取败亡，那又能怪谁呢？梁代君臣修持斋戒而梁国灭亡，也不是释迦牟尼的罪恶。《易经》不是说过吗，再好的理论，若是不得其人，也是行不通的。"谈到佛是何人，王通认为是位圣人。有人问应如何看待佛教，王通说那是西方的宗教，硬搬到中国就失于拘泥、死板了。可见在他看来，玄学和佛教都是有价值的文化体系，对于历史上玄学和佛教造成的弊病，他认为是应用不当的问题，不应一概骂倒。弟子程元曾问："应如何看待三教？"回答是："三教用于政治，政出多门，法令不一，我们已吃够了他的苦头了。"程元说："那么何不把佛、道废除掉呢？"王通说："这不是你们办得到的。北魏太武帝太平真君、北周武帝建德年间的废佛，虽然对佛教一时破坏很大，后来却更猛烈的发展，恰好起到推波助澜、纵风止燎的作用，不是很好的教训吗？"这里，王通对佛、道的看法显然比一般人深刻得多，也现实得多。

王通能有这些比较进步的主张和比较深刻的认识，看来倒是仕途上的失败帮助了他。他上书献策的失败和一度沉于下僚，使他能够批判地看待现实政治，退归家乡专心治学的结果，又使他取得较高的学术成就。他自己就曾说过："我不做官，所以能成就学业；不轻举妄动，所以没有后悔的事；要求不多，所以常能满足要求；学问不杂，所以认识清楚精微。"不过，对于一个有远大抱负，以天下为己任的人，不能一展政治宏图，只能以讲学、著述度日，毕竟是不得已、不甘心的。所以王通常感郁郁不得志。汾水亭上弹琴抒怀的一幕，正是他苦闷情怀的写照。此后，政治日益腐败，生民涂炭，国将不国，王通的忧愤感伤心情也就日益强烈，终于拖垮了身体，于隋末赍志而没，时仅30余岁。

王通死后，他的学生们集议：认为老师是孔子以来少有的道德崇高的大儒。孔子死后，父德就集中体现在老师身上。因此大家一致议定赠给老师一个谥号，叫做文中子。

王通一生的著述，除了《礼论》、《乐论》、《续（尚）书》、《续诗（经）》、《元经》、《赞易》这所谓"续六经"外，还有他与弟子们讲学、谈话的记录，用《论语》的形式编成《中说》，共十卷。遭逢丧乱，续六经未及流行就散失了，只有《中说》十卷流行下来。

王通讲学的时候，他的弟弟、子侄常常旁听，以后都成为有一定修养的儒者。唐初著名诗人，"初唐四杰"的第一位王勃，就是王通的孙子。王勃早著盛名，家学渊源当是重要原因。于此亦可看出王通育人有方，影响、深远。

唐玄奘

　　1350 年前，印度南部恒河下游的摩揭陀国，繁华富庶的古代都会曲女城。城郊广袤的原野上，幢幡如林，象舆充塞。数以万计盛装、兴奋的人群，或跨象，或乘舆，或张幢，或拥幡，各有随从，峨峨岌岌，围绕着两座新建的巨大草殿，形成一个方圆数十里的大会场。他们一个个神情兴奋，引颈张望，他们在等待着什么呢？

　　哦，来了！你看西面正缓缓走来一队盛大的行列。为头是一头装饰辉煌的大象，上施宝帐，帐中安置着一躯崭新的金铸佛像，本国国王戒日王扮作帝释之状侍右，邻国强盛的鸠摩罗王扮作梵王之状侍左；接着两只大象满载奇异香花，随行随散；后面又一大象，宝鞍上高高坐着一名僧人，耀目的百衲袈裟衬出一张白皙、明睿的脸庞，只见他双手合十，微启慧眼，神情是那样的安详、肃穆、沉着、自信；其后数百大象，分乘诸国王、大臣、大德，口中念着颂赞，鱼贯而行。

　　原来，那佛像之后，高坐大象之上的僧人，就是来自数万里之遥的大唐帝国，现充摩揭陀国佛教中心那烂陀寺三藏法师的玄奘和尚。玄奘学贯群经，兼通吠陀、因明、声明等俗典，曾经多次参加印度佛教内部不同派别的论争以及佛教对于"外道邪门"的思想斗争，一胜主张大乘空宗的名僧师子光，再破悬义四十条于寺门的顺世外道的挑战，三破作《破大乘论》七百颂的小乘论师，威名远播，声震五天竺。玄奘的学识，功绩使摩揭陀国戒日王大大增光。他为了进一步弘扬大乘有宗，征服余国小乘外道，特地为玄奘三藏作一盛会，命五印度沙门、婆罗门、外道等前来，示大乘微妙，绝其毁谤之心。刚才所述盛况，正是曲女城大会开始的隆重一幕。参加这次盛会的，有五印度中十八国王，精通大小乘僧三千余人，婆罗门及尼乾外道二千余人，那烂陀僧千余人，还有其他官、民、僧、俗共约几十万人。

　　在这次大会上，玄奘法师作了两篇称扬阐发大乘教义的论序，大会开始后，一方面让那烂陀寺一位名僧当众宣读，一方面另写一本悬于会场门外晓示一切人，并按照印度辩论的惯例，宣布"若其间有一字无理能难破者，请斩首相谢！"如是经过十八天，竟无一人敢提出驳难。结果大乘有宗的教理得到更广泛的传播，玄奘则获得了空前崇高的荣誉，其威信也提高到无以复加的地步，大乘教徒尊称之为"大乘天"，小乘信众则敬之为"解脱天"。

玄奘的巨大胜利，不仅为他个人赢得了荣誉，同时也为祖国赢得了荣誉。玄奘的卓越活动，增进了中印两国人民的友谊，为中印人民的文化交流作出了杰出的贡献。为什么他能在历史上写下如此光辉的一页呢？这还得从他自青少年时起就刻苦好学，并树立了远大志向谈起。

玄奘俗姓陈，名祎，玄奘是他出家以后取的法号。隋仁寿二年（602年）生于河南缑氏之陈堡谷，他的家族是个仕宦名家，远祖陈仲弓是汉代有名的太丘长，高、曾、祖父也都历官清显。但到他父亲时已经衰落，虽曾做过小官，不久就退隐田园，而且在玄奘幼小的时候就逝世了。玄奘是兄弟四人中最小的一个。二兄陈素先出家，法名长捷。玄奘在长捷的影响下，很早就出家为僧，刻苦诵读佛经。稍长，在东都洛阳听讲涅槃经和摄论，后随兄抵长安，又遍游吴蜀、赵魏、周秦，先后就学于当时各地的名僧，与他们切磋琢磨，获得了很大的教益。他学习的最大特点是善于独立思考，既遍谒诸师，备闻众说，又细细地比较研究各家义理，发现各派学说往往互相矛盾，取流传的汉译经典来对照，也是隐显有异，莫知适从。于是发誓游历西方，到佛教发源地的印度去学问解疑。并以曾经西游天竺的法显、智俨等人作为榜样，决心追随其高迹，继承其事业。

那时候正是唐朝初年，局势尚不平静，国家严禁僧俗百姓越关出境，所以玄奘招集了同伴，向朝廷申请出境，未获批准。其他的人就此算了，唯有玄奘坚持不屈。恰好这年逢到灾荒，政府允许僧俗出外逐食。玄奘抓住这个机会，辗转来到凉州。凉州都督李大亮执行朝廷禁令甚力，关防、烽候皆严密把守盘查，锋镝交加。所以玄奘只得昼伏夜行，九死一生才度过瓜州和玉门关。此后茫茫大漠，孑然孤游，时遇热风，复无水草，中间曾四日五夜无滴水沾喉，几乎死去。忽然遇水得救，终于来到伊吾。

刚好高昌国有使者在伊吾，将玄奘抵伊吾的情况汇报给高昌王。高昌王遣使隆重迎接玄奘，并优礼供养，再三挽留玄奘在高昌传法。玄奘誓死不改西游取经的初衷，深深感动了高昌王，高昌王赠送玄奘金帛，并派人护送西行，使得此后旅途情况有所改善，不过路上逢劫贼，过雪山，仍然备极艰难。但却不忘随处学问。

进入印度境内后，更是到处礼拜佛迹，寻师问道。不管大乘、小乘、空宗、有宗，但见有高行僧人，造诣深厚者，皆停留请教、学习。如此边行边学，及至来到摩揭陀国那烂陀寺时，玄奘于大、小、乘之经、律、论三藏都已有相当深的修养了。计玄奘自贞观三年（629 年）发自长安，一路餐风宿露，九死一生，来到那烂陀寺已是唐贞观六年（632 年），途中足足费了三年时间。

印度寺院成千上万，那烂陀寺是其中最为壮丽崇高的一所。寺中僧徒主客常有万人，都学大乘兼十八部，旁及俗典《吠陀》等书，因明、声明、医方、术数也都研习。通解经、论二十部者一千余人，三十部者五百余人，五十部者包括玄奘在内有十人，实际上是戒日王治下一所巨大的佛学研究院。主持寺院的是佛学宗师戒贤。戒贤对佛经一切穷览，德高年长，大家尊崇他，不敢直呼其名，都尊之曰"正法藏"。戒贤的主张属大乘有宗，所据的经典是《瑜伽论》。玄奘投在戒贤门下，一见如故，师生感情极深，专诚学习《瑜伽论》。

玄奘在那烂陀寺学习了五年，听《瑜伽》三遍，《顺正理》一遍，《显扬》、《对法》各一遍，《因明》、《声明》、《集量》等论各二遍，《中》、《百》二论各三遍。其他一些经、论已在他处学过，在此只是进一步解决一些疑难之处。此外又兼学婆罗门书。优越的学习环境，加上玄奘天资聪颖，用功至勤，使他不但具有渊深的佛学造诣，而且掌握了逻辑学、文字学、音韵学等广博的文化知识。他能在激烈的思想斗争中屡摧强敌，最终在曲女城大会上声震五天，名扬四海，的确是多年积学所致，冰冻三尺，非一日之寒。

玄奘游学五印度的目的是为了弘扬佛教，不是为了追求个人的名利。他在那烂陀寺学习过程中，深得戒贤法师的信任，曾经奉命为众讲解《摄大乘论》、《唯识抉择论》等重要经论，并著《会宗论》会通大乘学派内各家精义，为佛教的发展做出了贡献。曲女城大会成功之后，更受诸国王和广大僧俗的钦重，供施极厚，生活优裕。但他时时惦记着中国佛典尚不完备，译经质量亦参差不齐，诸家各擅宗途，成为佛教发展的重大障碍。因此，他毫不

留恋在印度的崇高地位和优裕生活，坚决谢绝了诸国王和法侣的苦苦挽留，满载经卷、花种和印度人民的深情厚谊，重上征途，跋涉归国。

贞观十九年（645年）春正月，玄奘经西域回到唐都长安。当时唐太宗为东征高丽，已进驻洛阳。他命京城留守宰相房玄龄隆重迎接玄奘。这一天，有关官员远迎玄奘到都亭驿安顿住下。次日，举行了盛大的仪式，送玄奘带归的经像至弘福寺。诸寺出动了所有的幡帐、幢盖、宝案、宝舆、排列于自朱雀街至弘福寺的路侧，僧尼整服随着送经像行列，吹吹打打而行；都城士庶，内外官僚肃立两旁，数十里间，香华缤纷，烟云缭绕，赞响彻天。一时间长安城里万人空巷，争相欢迎和瞻仰这位为祖国争光，自佛国归来的大和尚。

不几天，玄奘至洛阳面谒唐太宗，向太宗汇报了往返天竺的经过，详细介绍了在西域和印度的见闻，包括自雪岭以西，印度之境，物产风俗，八王故迹，四佛遗踪，都是往昔张骞、班超所未闻见，《史记》、《汉书》没有记载的珍贵资料。唐太宗听了十分高兴，夸赞玄奘的学问、风节比之晋朝高僧释道安，"非惟不愧古人，亦乃出之更远。"要求玄奘将在西域和印度亲身见闻的情况著成一书，以示未闻。

唐太宗见玄奘器局宏大，识见高远，有宰相之才，力劝他还俗为官，共理天下。但是玄奘献身佛教，矢志不渝，所以坚决谢绝了唐太宗的劝请，反倒请求太宗让他到嵩山少林寺去译经。唐太宗见他志坚意决，也就同意了，只是把译经的场所定在长安弘福寺。

当年3月，玄奘就回到长安，住进弘福寺着手组织译经工作。那时的译经，除主译者外，要有证义、缀文、笔受、书手等多种人员协助。玄奘本人既是佛学泰斗，他的译经事业又受到皇帝的重视和支持，因而国内的佛学英彦几乎都参加到他的译场中来了。例如参加证义的神防、神泰；缀文的道宣；字学的玄应；笔受的窥基，都是佛学界的凤毛麟角，千古有数的人物。神防后来成为玄奘的四大弟子之一；神泰著有疏论多种，流传至今；道宣是律宗的开山祖师，著有《续高僧传》、《广弘明集》、《集古今佛道论衡》、《释迦方志》、《集神州三宝感通记》、《通感决疑录》、《四分律删繁补阙行事钞》等多种著作；玄应是音韵学大师，著有《众经音义》；窥基也是玄奘最主要的弟子，协助玄奘创建法相宗（又称唯识宗），论著极丰，号称百论疏主。在玄奘的领导下，这些大师们齐心协力，孜孜不倦，每年译出的经典常多达数十百部，而且经义准确，文字雅训，堪称千古独步。

译经是玄奘归国后毕生致力的事业。最早在弘福寺译经，后来又先后在慈恩寺和积翠宫、玉华宫译经，直至麟德元年（664年）临终，仍扶病开译《大宝积经》，一生共译出重要经典74部，总1335卷。他对待译经的态度极其严肃认真。在慈恩寺译经的时候，又担任着慈恩寺的上座职务（为一寺最高宗教负责人），众务辐辏，但仍争分夺秒，每天自立翻译进度，若白天事忙不能完成任务，定要在晚间继续译完。同时还不忘做法事和教授弟子。每天晚饭后，总要抽出两个时辰（相当于现在四个小时）讲论新译经论，并解答各州学问僧提出的种种问题。入夜以后，寺内弟子一百多人都来一一请教，挤满了殿庭和廊庑，玄奘皆深入细致地予以解答指点。尽管事务如此繁忙，还时时抽空与寺中大德僧人研究西方圣贤创立的各种理论，评述诸部异端，并过问年青僧人在寺中游学的情形。玄奘把慈恩寺办成了一所以译经为中心的佛学院。他边译经边讲学，让弟子们参加译经来锻炼他们，又通过及时对弟子们讲论新译经论来引导他们掌握佛学基本理论和各种新学说。此后玄奘诸多弟子在佛学和有关专门学问（如音韵、文字、逻辑等）中的高度成就，与他们在慈恩译场这一段经历是密切相关的。

玄奘自印度归来后致力的另一项重要工作是创立新宗派。中国佛教在魏晋南北朝时只有学派，尚无宗派。陈末隋初，一些学派开始向宗派转化。到了隋代，已经有天台宗、三论宗、三阶教等宗派成立。这些宗派的主张，与玄奘在印度那烂陀寺戒贤法师处学到的那一套有所不同，在玄奘看来，都是非正统的，他决心自创一宗来弘扬自己从印度直接承传来的"正宗"思想。

玄奘从戒贤法师处承传的最基本佛学理论是唯识思想。早在印度曲女城大会的时候，玄奘就揭出了"真唯识量"的论题，作了论证，说明他对唯识思想是最为精通的。归国后他主持译经，也最重阐述唯识思想的经论。早在贞观二十二年（648年），他就译出了唯识思想根本依据之一的《瑜伽师地论》一百卷，并在宫廷奏对时扼要地向唐太宗解释了此论的大义，致使唐太宗深为折服，命令秘书省书手抄写新译经论成九本，颁给雍、洛、并、兖、相、荆、扬、凉、益等九州，令其辗转流通，使天下百姓都了解，遵奉此一经论的教义。其后，玄奘又打算把印度唯识系十大论师的著作都分别翻译出来，让四大弟子窥基、神防、嘉尚、普光四人一起参加这一工作。可是工作进行了一段时间后，窥基感到分别翻译诸论师的著作，显得支离破碎；而且四个人一起参加翻译，也不利于发挥个人独立见解，成一家之言，要求玄奘改变计划，改分译为糅合十家，并只让窥基一人参加翻译。玄奘听了窥基的意见，觉得很有道理，于是只让窥基一个助译，译成总括各家精义的《成唯识论》。

窥基是唐朝名将尉迟敬德的侄子，左金吾将军尉迟敬宗的儿子。尉迟氏源出少数民族，世代以能征惯战著称，似与发明教义、弘扬佛法这种需要"慧根"的文绉绉事业无缘。但当窥基尚是将门一名顽童的时候，玄奘就独具慧眼，发现他具有超凡的天分与悟性，设法让他出家，收为弟子。如今玄奘又采纳窥基的意见，让他单独作助手译出《成唯识论》，为创立唯识宗做出重要贡献。这件事，充分显示出玄奘对弟子了解之深，信任之专，也反映出玄奘对弟子因材施教、量才授任的教学特点。《瑜伽师地论》、《成唯识论》等重要经典的译出，为创立唯识宗打下了很好的基础。但是对于创立一个新宗派来说，这些经典的译出还是不够的，还必须进行大量的理论阐述工作。玄奘领导译场，日以继夜地忙着翻译带回的经卷，没有多少时间顾及著述，他把从事著述，疏通经义的重担又交给窥基。窥基秉承玄奘的传授，写了大量的论、疏、号称"百论疏主"。玄奘与自己的得意门生分工合作，既译出了大量的经典，又充分深刻地阐发了这些经典的精义，终于成功地创立了唐朝第一个佛教宗派—唯识宗（又名法相宗）。所以后人说玄奘是唯识宗的开创之祖，窥基是守文述作之宗。透过玄奘师徒共同创宗成功的经验，我们不但看到了玄奘人格之伟大，也看到了他的教育思想和方法的高明之处。玄奘的教育思想和方法是我国教育史上的宝贵财富。

玄奘还出色地完成了唐太宗交待的任务，撰成了《大唐西域记》十二卷。这部《西域记》详细地记述了大唐帝国西北边境以至印度的疆域、物产、风俗、政事和大量佛教故事和史迹。至今仍是研究西域和印度古代政治、经济、宗教、文化、民族关系等方面的珍贵文献。这部忠实记录玄奘艰苦历程亲身见闻的杰作，是由玄奘另弟子辩机根据玄奘的原稿整理编次而成的。辩机有文学才能，就把这一重任交给了他。这也是玄奘对弟子量才受任的典型事例。

受到玄奘伟大的人格和渊博的学识教益的，不但有广大的僧侣，也有不少世俗人士。永徽二年（650年），瀛州刺史贾敦颐、蒲州刺史李道裕，谷州刺史杜正伦，恒州刺史肖锐等朝廷大吏，就趁进京朝见的机会，相率参见玄奘，接受指导。玄奘为他们授菩萨戒，勉励他们事君尽忠，临下慈爱，并为他们详尽讲解菩萨行法。这些人本来就钦敬玄奘的为人，见面聆教之后，对玄奘更加佩服得五体投地。他们后来称赞玄奘收至文于百代之后，探玄旨于千载之前。把玄奘比为光照万物的日月，自比为仰照怀恩的葵藿。由此可见玄奘精神感人之深，也说明玄奘不仅是佛门良师，也是一代天下师表。

唐高宗麟德元年（664年）2月5日夜，玄奘因积劳成疾，在其最后译经之所玉华宫翻经院溘然辞世，享年六十三岁。噩耗传出，皇帝震悼，僧俗悲惜。下葬之日，弟子数百人哀号动地，京城道俗奔赴哭泣者每天不下数百千，京邑及诸州五百里内送者达一百多万人。在中国古代历史上，一人的生死如此牵动千百万人的心，实在是屈指可数的。

玄奘逝世已经一千三百多年了，但是他的巨大影响却经久不衰。他不但作为一位佛教宗师，作为伟大的旅行家、学者，中印文化交流的伟大使者永载史册，而且他为了信仰和理想而献身，矢志不渝、百折不挠的精神深深地教育了当时的僧俗，也深深地感动和教育了后人。他的言行不愧为万世师表。

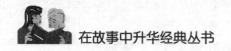

慧 能

湖北省黄梅县东北的五祖山，唐代称为冯茂山。山中古树森森，松竹交映，是我国佛教史上著名的"东山法门"之东山。唐朝初年，禅宗"东土五祖"弘忍就在这里结庐传法。唐高宗龙朔元年（661年）的一天，山中来了一位青年，粗衣，麻鞋，风尘仆仆，径自来寻弘忍法师。他一见弘忍法师，口称弟子，纳头便拜。弘忍见他相貌凡陋，举止粗俗，心想准是来乞讨什么的穷光蛋，便问："你是哪里人啊？来山中拜我，要求什么东西呢？"那青年答道："弟子是岭南人氏，新州百姓。老远来拜师傅，不求别的，只求作佛。"法师一听不觉怒气中烧，喝道："好你一个獦獠！你怎配作佛？"那青年却并不惧怕，答道："人是有南有北，佛性不分南北；獦獠虽不如师傅尊贵，佛性又有什么差别呢?！"

好一场问答！问的问得盛气凌人，答的答得理直气壮。别看这青年土里土气，却是悟性非凡，有胆有识，几句话说得大名鼎鼎的弘忍对他刮目相看。他是谁？他就是日后成为禅宗南宗开山祖师的慧能。

慧能，俗姓卢，生于唐太宗贞观十二年（638年），卒于唐玄宗先天二年（713年）。据说他的祖籍在范阳（今北京、天津、保定一带），因为父亲得罪被流贬于岭南，就在新州（今广东新兴县）安下家来。慧能少孤，家境贫寒，卖柴养母，不识文字。但他资性颖悟，有一天卖柴，听人读《金刚经》，不觉心有所悟。攀谈之中，得知弘忍法师正在黄梅东山大开法门，心中羡慕。那人本是热心的佛徒，见慧能资质非凡，便帮助和鼓励他去东山求法。于是慧能就辞别老母，千辛万苦赶来礼拜弘忍，寻求成佛作祖的道路。

弘忍见慧能出语新奇，决意将他收下。碍于他出身卑微，便派他到碓房作了个舂米行者。慧能在碓房踏碓舂米，遇到讲堂中弘忍登座说法，他便竖起耳朵细听，默默地思考微言大道，慢慢地有所领会，有时沉浸到玄妙的禅理当中，竟然忘记了环境和自我。

单调的碓房生活，一晃八个月就过去了。这时弘忍要选择一位学禅心得最深的弟子传付衣钵，作自己的继承人。他命众僧各作一偈，借以观察各人对佛性的领会情况。上座僧神秀作了一偈道：

身是菩提树，心如明镜台。

时时勤拂拭，莫使有尘埃。

此偈一出，众僧称妙，神秀暗自得意。消息传到慧能耳中，他听后微微一笑，心想这样的偈语，离佛性的真谛还差得远呢。他得空央得一个童子引到南廊下，也作一偈，请人书于壁上。其偈曰：

菩提本无树，明镜亦非台。

佛性常清净，何处有尘埃！

神秀的偈语，肯定自己身、心的存在，认为要勤奋地修行，才能渐渐地达到不染尘埃的清净境界，即渐修才能觉悟成佛。慧能的偈语，却认为身、心和万事万物都是空幻的，不真实的，只有人人都具备的佛性才是唯一真实的存在。这种思想，与他初入东山见弘忍时提出的佛性不分南北、贵贱的说法是一致的，只是经过八个月的默受教法，其思想更精妙了。它与神秀的思想同属于唯心主义，但在认识上比神秀彻底得多；若施之于佛教修行，则简捷得多。一个出身贫贱，处在寺院最下层的苦力行者，居然作出如此高妙的偈颂，当即引起轰动。赞叹、惊奇、嫉妒、愤怒、仇恨等各种复杂的感情笼罩了平日宁静的寺院。

弘忍见了慧能的偈语，知他已经真正把握了求佛精义，有心将衣钵传付给他，怕人知道，故意不动声色。当晚三更，才暗唤慧能入堂，对他讲经授法。并告诫慧能，以他的身份地位，当此传法重任，再住此院，必被加害，嘱他速离东山返回南方。

慧能遵照弘忍的嘱咐，连夜就起程南行。一路上历尽艰险，终于回到岭南，从此混迹于农商之中，杂居于编户之间，销声匿迹一十六年。时间久了，这场争夺衣钵、法统的风波渐渐平息下去，慧能确信不会再有生命危险了，才敢投到南海（今广州市附近）印宗法师门下听法。

一天，印宗问众人：你们看，那上头挂着的旗帜，风吹着动不动？众人意见不一，议论纷纷。有的说旗帜动；有的说不是旗帜动，是风自动。慧能忽然从座上站起来，高声说：法师！不是风或旗帜动，只是众人胡思乱想动与不动。佛法本来是不存在动和不动的。印宗法师一听，不觉悚然。自知佛学修养不如慧能，转向慧能请教，并亲自领着众徒来到慧能的住处，为慧能剃法受戒。

慧能受戒后，名声大振，从此公开收徒传教。不久就来到韶州（今广东韶关市一带）曹溪，广收徒众，多创寺院，大力传播他自己开创的佛教新学说。

慧能传教，在形式上有两个特点。一是不立文字，一是教外别传。不立文字，是因为慧能本身是文盲，不像别的教派的高僧大德，大多出身于名门世族，文化素养高深，善能著书立说；同时慧能收的徒众，也不讲究身份地位，有许多贫贱百姓，也是不识文字的。因此，慧能教授徒弟，只是口耳相传，心心相印。教外别传，教是经教，指佛像、经卷和其他各种法物。教外别传就是不要佛像、经卷等复杂的道具和形式，大家心中自有佛性，修行的关键是直指人心，见性成佛。

在思想体系上，慧能的学说有三根支柱。一是世界观上的真心一元论，即真如缘起论。二是解脱论上的佛性论；三是宗教实践上的顿悟思想。真心、真如又称佛性、法性、实性、自性、本性、法身、本心等等。慧能认为人无论南北、贵贱皆有佛性；佛性常清静；又认为于自性中，万法皆见；一切法自在性，名为清净法身。如此等等，都是从不同的角度说明真如就是永恒的、绝对的、最高的精神实体，同时也是宇宙实体、世界本原。慧能肯定这种实体、本原，而认为此外的万事万物都是虚幻的、空的。故这种真心一元论或真如缘起论是慧能的思想核心，是其佛学的理论基础。其他两条支柱都是由此派生的。如解脱论上的佛性论，就建基于人人皆有佛性。由于一切众生皆有佛性，所以成佛之道，不假外修，更无须到西天去拜求，只要"直指人心"，便可"见性成佛"。这一点又决定了慧能教派在宗教实践上主张顿悟。因为人人都有佛性，只是迷人自不知见。去迷见性，只在一念之间。一念善，知慧即生。一灯能除千年暗，一智能灭万年愚。如果这一念未到，纵使你勤修苦炼，"时时勤拂拭"也是徒劳的。

慧能佛学在思想体系和传教方式上的特点，使其教派具有强烈的平民宗教的色彩。他认为人人具有佛性，众生皆可成佛，打破了贵族、官僚对成佛作祖的垄断。他把人人向往的天堂从遥远的西方搬到每人的心中，同时又把修行的方式尽量简化，革去了繁琐的仪式，甚至说"若欲修行，在家亦得，不由在寺"，无异于拓宽进入天堂的途径，自然受到各界人士的欢迎。他肯定"真如"的真实性、永恒性，反对一切皆空的颓废虚无思想，符合新兴庶族地主阶级要求进取并保护既得利益的愿望，因而最受这个阶层的拥护、支持。但他又认为功德不在于造寺、布施、供养，而在于自性清净平直，不轻视一切人。这显然是有利于贫贱的劳动人民，不利于显贵的剥削者的。慧能的理论能够为劳动人民着想，其不立文字、教外别传的传教方式又适应了贫苦人民的需要，所以他的教派又吸引了大量下层人民。所有这些，都是对传统佛教的巨大变革，对旧有的贵族化教派的严重挑战。实际上，慧能以一个出身贫贱的"獦獠"，居然登上教主的宝座，这个事实本身就富有向旧传统决裂的意味。以后他传教成功，声名远播，武则天、唐中宗先后下诏礼请他入朝，但他都托疾不行，这与别的教派一些大和尚交结权贵，趋炎附势的行径形成鲜明对照，更说明他和他的教派不同寻常，赢得了广大信众的尊敬和爱戴。

理论上和方法上的巨大优势，使得慧能的信徒迅速扩大。他在韶州大梵寺升座说法，座下僧尼、道俗曾达一万余人，韶州刺史韦璩和诸官僚 30 多人、儒士 30 多人也都来听他说法。他在韶、广二州传法行化 30 多年，直接的门人常不下三五千人。慧能十大弟子之一的志诚，原是北宗神秀的门人。神秀派他去慧能门下窃听说法旨意，但志诚听了慧能说法，认为比神秀说得明白、深刻，容易悟解，便主动说出了受命前来刺探虚实的真情，不愿离去，成了慧能门下的大弟子。慧能另一大弟子神会，生性聪明，自幼学贯儒经、老庄，后又留心释教，出家后讽诵佛经，易如反掌。年十四岁，听说慧能大师在曹溪盛扬法道，学者如百川赴海，于是不远千里，前来参拜。交谈不久，就为慧能折服，投在门下，成为慧能的神足。这些事例，都说明慧能的崇高威信以及他的教派的巨大号召力。

慧能传法不立文字，使用的语言也是当时日常通行的口语。但是语言的质朴一点也不影响他讲授的效果，相反的，他说法常用生动的比喻，而且充满了朴素的辩证法。譬如他解释定和慧的关系，说"定慧犹如何等？如灯光。有灯即有光，无灯即无光。灯是光之体，光是灯之用。"把定和慧的相互关系说得明白透彻。又如他启发弟子正确地对待念经，说："心行转《法华》，不行《法华》转；心正转《法华》，心邪《法华》转"。又说："空诵但循声。

明心召菩萨。"深入浅出地说明了诵经必须用心专一，领会经义。

慧能的弟子把他平生授法、与弟子问答及临终时嘱咐的话记录下来，辑录成书，奉为经典，称为《坛经》。坛是指慧能平时授法的法坛。慧能的门徒把慧能看得像佛一样，他的法言就像佛经一样，所以叫做《坛经》。中国僧人的著作被称为"经"的，《坛经》是第一部，也是唯一的一部。慧能死后，其门徒传授《坛经》，师师相承。若无《坛经》，既无禀受，就不被承认为南宗弟子。可见《坛经》——也就是慧能——在中国禅宗史上的重大而深远的影响。

慧能生前，传法不出岭南，其所创禅宗南宗的基础主要是在南方。后来慧能弟子神会北上洛阳，与北宗神秀一派抗争，取得巨大胜利。从此禅宗南宗的势力遍及全国，他的弟子和再传弟子们，在不同的地区，根据各自不同的理解，分别弘传慧能开创的禅宗，形成了许多派系。其中最主要的，是青原行思和南岳怀让两系，由这两系，又衍为五家七宗。到了唐末五代时，慧能禅宗以外的佛教宗派相继衰落，唯有五家七宗发展壮大，以后的佛教史几乎变成了一部禅宗史了。

慧能的影响不仅限于佛教内部，他对整个中国的思想文化界都有巨大而深远的影响。早在唐代，士大夫们就喜欢玩味禅趣，禅理渗透到许多文人的诗歌、绘画和处世哲学中。唐宪宗元和十年（815），朝廷特地追谥慧能为"大鉴禅师"。大文学家王维、柳宗元、刘禹锡先后为慧能撰写了碑铭。唐代以后，禅宗思想继续渗透到思想文化界，宋明理学中吸收的禅宗思想资料最为丰富和明显，它实际上是中国传统儒家思想和禅宗思想相结合的产物。

慧能创宗立说，不但影响了一代人，还影响了后世许多代人，他不愧为一代宗师。

柳宗元

生平简介

柳宗元（773—819）字子厚，河东（今山西永济县）人。唐中期著名的思想家、文学家、教育家。出身于书香门第，其父柳镇为下级官吏，为人正直，富有学识，善结交朋友；其母卢氏，慈爱勤劳且喜读书。因此宗元从小受到了良好的家庭教育。4 岁开始识字，12—13 岁已能写出颇有水平的文章，并立下宏伟志向。21 岁考中进士，26 岁又考取了博学宏词科。早年热心于文学，与韩愈一起倡导"古文运动"。他广事交游，显示出渊博的学识和惊人的才华。永贞元年（805 年），柳宗元 32 岁，和刘禹锡等积极参加了王叔文、王伾发起的"永贞革新"，力图在政治、经济、军事等方面进行改革，以打击豪族地主集团以及与之相结勾结的宦官、藩镇等反动势力。柳宗元是这个进步的政治集团的主要成员。但改革只进行了 100 多天，就遭到旧势力的猛烈反击而失败。柳宗元被贬为永州（今湖南零陵）司马，后又改任柳州刺史。

仕途受挫，使他有机会广泛接触社会和人生，钻研古今典籍，探讨哲学、历史、文学、教育等问题，成为中唐时期著名的文学家和进步的思想家。他的文章具有强烈的现实主义精神，他的笔锋在不少地方震撼了封建统治，在教育鼓舞人民关心现实、反抗压迫、战胜自然等方面是有着相当广泛的积极意义的。他也从事教育活动，指导许多学生学习和写作，经过他的悉心指点讲授，学生们的知识水平和写作水平迅速获得提高。还有不少人是通过通信方式向他请教的。柳宗元对教育问题有许多独到的见解。在他的政治、哲学、文学、历史等理论著作中涉及到许多教育问题，尤其是关于教师与师生关系的主张更是相当精辟的。他与韩愈同倡求师取友。著有《柳河东集》。

观点与思想

柳宗元强调从师、尊师的重要性，他明确指出当时社会上存在着一种怪异现象，就是为人师者常遭众人讥笑。他呼吁社会上应树立尊师的良好风尚，使人人懂得："如不从师，则吾无以进"。他十分敬佩韩愈勇为人师的精神，同情韩愈的不幸遭遇。他说：自魏晋以下，人们越发不愿做老师。当今之世，没有听说还有老师。如果有，人们便讥笑他，认为是狂人。唯独韩愈奋然不顾庸俗之见，冒犯他人的讥笑侮辱，招收后生，作了《师说》，于是正颜不屈做起老师来。世人果然群聚怪异笑骂他，手指目盯，还增加了种种诋毁的话。韩愈由此得了狂人之名。住在长安，不等坐稳就带上行李，匆匆奔向东去，像这样已不止一次了。

尊师、从师十分重要，为人师表又很不容易。柳宗元对教师的要求是严格的，他认为教师应当是道、业兼备，德、才俱全，尤其应当把道德放在首位。他说：正道在身，即使是奴仆或乞丐，也可拜为师友；正道不存，即使是达官贵人，也不能以师友相称。那些专重文辞、墨守古训的"章句师"是不足为人称道的。那种热衷于以神怪之事，荒诞之辞炫耀，诱惑于人者，不仅无益于后生，反而坑害了他们，好比以"文锦覆陷阱"，更不能为人师表了。

柳宗元非常重视教师的作用，但多次又谢绝别人拜他为师的请求，这是什么原因呢？其原因是相当复杂的。一方面是因为他为人谦虚谨慎，他自称自己的德行不厚重，学业也甚浅近，不足以为人师，故"惧而不为"。他不愿任师之名，可说是他谨慎谦虚，也是他把师道看得特别重。另一方面，他又觉得自己是一个贬官罪人的身份，常受到政敌种种造谣污蔑，如果再大张旗鼓招收学生，更会为政敌提供攻击的资料，且牵连于学生，"防受后事之累"，表现了他对青年学生的高度负责精神。然而更重要的原因在于他认为关键是求师之实，而不在于务师之名。实际上他却一直竭诚地指导许多青年后生的学习，默默地承担起教师的崇高责任。他所拒绝的只是师、弟子之名，不敢接受以尊师之礼来对待。他说，如果有人要求和我讨论政治、历史、学术与写作，那怎能白眼相待，闭口不理呢？若免去所谓师、弟子的虚名，而保持着实际上的师友关系，取长补短，相互为师，那么既免除了世俗的麻烦，彼此又可得到教益，古往今来凡是追求真理的人，是没有一个不愿意这样做的，他这种力避为师之名，主张"交以为师"的见解是十分深刻的。

"交以为师"包含着师生之间可以互相学习、共同研讨、取长补短、教学相长的思想。他认为真心求道习业，随处可学，不必固定一人为师，师生的界限也不应是绝对的。在现存的《柳河东集》中他回答青年后生问学求教的书信就有数十封，这是他与青年后生互相学习、共同研讨、交以为师的记录，他从不以此自夸。他给学生回信说："我的回答有可取处还是没有可取之处，供你参考、抉择，闲暇时写信告知我。如果经常来推广为文之道，虽然对你没有什么帮助，对我却裨益不少了，又何必称呼老师呢？掇取它的实质，去掉它的虚名，不至招致南粤、蜀地群犬的吠怪，而为外廷的人所讥笑，那就幸运了。"

"交以为师"，并不是主张放弃教师的责任，更不是宽容、迁就学生的缺点和错误。有个青年叫沈起，写信求教并附诗50余首，柳宗元发现沈起有单纯追求词藻华丽、迷恋形式主义的倾向，立即写信提醒这位青年文风要正，告诫青年不要以此害人又误已。有的青年急于成名，并请柳宗元予以"推荐"，柳宗元回信时批判了社会上的"交贵势、侍亲戚"的不正之风，告诫青年应认真读书修德敬业，扎扎实实，不要急于求成，"勿务速显"，要接近道义，不要远离道义。他这种对青年认真负责、严肃诚恳的教育是值得称道的。他还赞赏当时国子学司业阳城"能并容善伪，来者不拒"的精神，反对只教育好学生，而拒绝、排斥有缺点的学生的做法。他认为即使孔子、曾子、孟子等圣贤大儒的门下，也有较差的学生，而这些较差的学生并非一无是处，而是各有其长。对好学生，固然有教育的责任，并可"交以为师"，互相学习。对暂时后进有些缺点的学生，更应有教育的责任，亦可"交以为师"，也有可资供教师学习之处，不应冷漠，鄙视而拒之于门外。

柳宗元的"师友观"，显示了他为人有光明纯洁的胸怀、高尚无私的品质和坚定不移的意志，他憎恶那些沽名钓誉的人，认为只要对人类社会有功，对青年后生有益，不必去计较名之高低。他曾模仿屈原的《离骚》，写过一篇《瓶赋》，文中说人们常误把那些善于投机钻营、损人利己、沽名钓誉之人当作"智者"，其实这种人只是表面上好看，容易博得人们的宠爱，实际上是害人不浅的"鸱夷"（盛酒器）。他说自己宁愿做一个被人们当作"愚者"而实际上对人们做着默默无闻的贡献的"瓦瓶"。这表明他所羡慕和追求的正是这种纯洁无私的人，作为一个教师应该有"瓦瓶"的品格和精神，以自己勤奋学得的丰富知识，浇灌一代幼苗，满足人们的求知欲望，就像一只"瓦瓶"

从深深的井中打起纯洁的清水，用来解除人们的饥渴，调和各种美味，尽管淡水不甘甜，但永不腐坏，清清白白，从不献媚于人，即使有一天绳断瓶破，瓦瓶又复为泥土，也无所怨恨，因为自己已为别人贡献了一切，是份所应当，何必醉心于那种一时煊赫的虚名呢？宁为"瓦瓶"，不作"鸱夷"，表达了一位教师、一位知识分子的崇高精神境界，这正是柳宗元师友说的思想精蕴之所在。

总之，柳宗元认为人不从师，道业不立。但为人师者应不务为师之名而应求为师之实，师生之间取长补短，"交以为师"，把师生关系变成师友关系，这里包含有学术讨论上的民主平等的精神，比韩愈的"闻道有先后，术业有专攻"的见识又前进了一步。当然，他的"交以为师"的思想是针对有一定的学识水平的人而言的，不是针对少年儿童讲的。

柳宗元的一生，经受着不幸的遭遇，但他不随世浮沉，敢于同社会上各种不正之风斗争，赢得了后人的好评。他对教育青年后生的许多见解，也给中国教育史增添了光彩。

辕 固

　　辕固，战国末年齐国人，大约生于公元前 230 年左右，死于公元前 135 年前后，活了近百岁。

　　辕固是西汉初期的教育家。他一生与道家思想进行了坚决的斗争。西汉前期，统治阶级为了缓和矛盾、恢复和发展社会的生产力，在政治上以黄老刑名之学作指导，以利民众休养生息。因此，在学术思想领域里，儒生与道家学者经常发生争论。一次辕固与道家学者黄生在景帝面前辩论汤武革命的是非问题。黄生认为汤武非受命，自己为天子是不义行为，他们虽是圣人，但不该放桀伐纣，并以道家思想举例说：帽子虽破，总得戴在头上；鞋子虽新，总得穿在脚下。辕固则根据儒家经义，反驳黄生，说汤放桀、武王伐纣自己做天子是得民心的正义行为，并举例说：难道汉高帝（刘邦）灭秦当皇帝是不正义的行为吗？两人各持己见，争执不下。这时汉景帝只好出来当裁判，说吃肉不吃马肝（有毒），不算不知味。意思是不要学者再争论汤武革命的是非问题，也就是他不赞成汤武革命。

　　汉景帝的妈妈窦太后，好读《老子》书，崇尚道家学说。一次，窦太后把辕固叫来，问他《老子》书怎样，辕固当着窦太后的面说《老子》书浅显庸俗，是奴仆书。窦太后感到受辱，大骂儒家经书是罪徒书，并命令辕固到猪圈去和野猪搏斗。汉景帝明知辕固直言无罪，于是给了辕固一把锋利的刀子，辕固凭借这把刀才刺死了野猪，没有被野猪咬死。

　　辕固是秦汉之际传"诗"的大儒，他自成体系形成与当时申培所传"鲁诗"同样齐名的"齐诗"，汉代太学还专门设立了辕固所传"齐诗"的博士，辕固就是是齐诗的第一个博士，他的许多学生都以研究齐诗著名，而成为当时的显贵。由于辕固为人廉洁正直，汉景帝时一度被拜为清河王刘乘的太傅，后因得罪窦太后，免职回家，专门从事教学。流汉帝即位后，又以贤良招辕固，当时一些嫉妒辕固的人，就说他的坏话：辕固已经老了，无所作为了……但辕固还是被召来了，同时来的还有公孙弘，因公孙弘人品不好，辕固见他后，就告诫他："务正学以言，无曲学以阿世。"公孙弘后来被汉武帝任命为丞相。

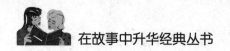

李　侗

生平简介

李侗，字愿中，学者称他为"延平先生"，宋代南剑州（今福建省）剑浦人，生于宋哲宗元祐八年（公元 1093 年），死于宋孝宗兴隆元年（公元 1163 年），活了 71 岁。他在 24 岁时，因羡慕和崇敬罗豫章的学识，曾经写信向罗求教，要求罗收他为学生。他在罗豫章那里学习了几年，学业进步很快，于是决心不再去追求官职，而隐居家乡，专心研究学问。他一共隐居四十多年，一边讲学，一边自修。因此他的学术越渐精深。在 71 岁高龄时，福建的军事长官汪应辰邀请他去讲学，在讲学的过程中忽然死去。李侗一生教书几十年，学生很多，最著名的学生是宋代理学的集大成者朱熹。朱熹的父亲朱韦斋与李侗两人同为罗豫章的学生，他十分尊重李侗的学识和品格，所以他叫朱熹拜李侗为老师，当朱熹去向李侗求教时，李侗已经是六十岁的老人了，朱熹的思想、品德和学术，受李侗的影响很深。而李侗的学识，又因朱熹的探讨而愈加精深，以至一般学者认为，李侗的学识水平已经与程颢不相上下，而超过了他的老师罗豫章。

观点与思想

李侗的教育思想和方法，受罗豫章的影响很深。他主张教育学生不要只凭口说，而是要从实际出发，一个一个问题去进行研究。弄清了一个问题，再去研究另一个问题，而且这种学习研究，不只是由老师去讲，而是要由学生自己去探讨，老师只是作必要的指导。老师在给学生传授知识时，也多采用问答的方式和讨论的方式。

李侗的著作有《延平问答》等。

张 栻

张栻，字敬夫，号南轩，世称南轩先生。南宋教育家。生于宋高宗绍兴二年（公元1132年），死于宋孝宗淳熙七年（公元1180年），只活了48岁。原籍四川广汉人，后来迁居到衡阳，便为湖南人。他的父亲张浚是南宋的名臣，所以在他年幼时就受到家庭仁义忠孝的教育。年纪稍长，拜当时著名学者胡宏为老师。学习非常勤奋刻苦，有大志，并以作一个圣人为自己求学的目标，写了一篇《希颜录》来表白他自己的志趣。胡宏对这位有理想有抱负的学生十分欣赏，认真地教他。张栻因父亲是朝廷有功之臣，所以没有经过科举考试就授予官职。先是到宣抚司都督府书写机宜文字。宋孝宗即位时，张栻在他父亲的幕府里参与研究军机大事和处理一些行政事务，有时也入朝奏知军政大事，很得孝宗的赏识。不久，他的父亲病死，于是他辞职服孝。服丧期满后，经刘珙的推荐，任命他为抚州知事，他还未去上任；又改调为严州（今浙江建德）知事。后来又调任南宋的吏部郎、左司员外朗兼任孝宗皇帝老师（侍讲）。

但不到一年，因与宰相虞允文的政见不合，被派任袁州（今江西宜春）知事。孝宗淳熙九年，又受虞允文等的诬害被免职，回到家乡专门从事教育工作。不久，宋孝宗又先后任命他为静江府（今广西桂林市）和江陵府（今湖北江陵）知事。因为宋孝宗听说张栻把静江府和江陵府治理得好，于是下令特别提升他为直宝文阁，不久又任命为秘阁的修撰、荆湖北路转运副使等官职。张栻认为自己很有才学，没有授予他适当的官职，于是请求辞职，以后宋孝宗又下令任命他为右文殿修撰官，并提举武夷山冲佑观。但他于四十八岁就病死了。他死后，静江和江陵的老百姓以及当时的学者、儒生如朱熹等，都十分悲痛。

张栻在青年时期跟随胡宏求学，打下了坚实的学识基础，中年时期又与朱熹、吕伯恭等学者往来密切，进行学术交流。因此他在学术上的成就很大，超过了他的老师胡宏。不少青年学生都拜他为老师，向他求教。他的学生遍及全国各地，而以湖南的学生为最多。

张栻的教育主张与朱熹的主张基本一致。他的教育要旨，不外"致知力行"四个字。他主张"知、行"并进，所以他在谈到小学教育时，提出应当从洒扫应对开始教起，在谈到大学教育时，强调要从研究事物中去获得知识。即所谓"格物致知"。归纳起来说，张栻主张："第一，要从近处做起，逐步前进，这样就自然达到远大的目标。第二，要仔细用脑筋分析，把问题彻底弄清楚，不能有丝毫的含混，这样才能获得知识。第三，要由博返约，如果只是学得一些广博的知识。而不加以系统化，则是一些杂乱无章的知识。在教学方法上，他特别强调要循序渐进。他在《答胡季随书》中说："所谓循序者，自洒扫应对进退而往，皆序也。由近以及远。自粗以及精，学之方也。如适千里者虽步步踏实，亦需循序而进。今欲阔步一蹴而至，有是理哉"。张械平时教育学生，就是按照他的这些主张和办法。所以吕祖谦在评论他的教法时说："张荆州教人，以圣贤语言见之行事，因行事复求之圣贤语言"。也就是说，张栻平时教育学生，要求把所学的知识运用于实际，而又用实际来证实知识，使理论知识与实际行动相互联系，相互促进。朱熹对张栻的教学法评论说："公之教人，必使之先有以察义利之间，而后明理居敬，以造其极，其剖析精明，倾倒切至，必切两端而后已"。也就是说，张栻的教学法，朱熹是相当称赞的。

张栻的主要著作有：《论语孟子说》、《太极图说》、《洙泗言仁》、《诸葛忠武侯传》、《经世纪年》等。后世学者还编有《南轩语录》、《南轩全集》。

蔡元定

蔡元定，字季通。因为一生常在西山讲学，死后也葬于西山。所以后世学者称他为西山先生。南宋教育家。宋建州（今福建建瓯）建阳人。生于宋高宗绍兴五年（公元1135年），死于宋宁宗庆元四年（公元1198年），活了六十四岁。他自幼勤学聪明，八岁就能写诗，读书每天能记几千字。他的父亲蔡发是当时有名的儒家学者。蔡元定在青少年时期，他的父亲给他讲授《程氏语录》、《邵氏经世》、《张氏正蒙》等书，所以他的学识主要是从他父亲那里学来的。到中年时期，蔡元定的学识已经有了相当基础，又去拜朱熹为老师，虚心向朱熹求教。朱熹在和蔡元定探讨学问时，才了解到蔡元定是一位很有学识的学者，于是十分惊异地对蔡元定说：你应当是我的老朋友了，不应该把你算在学生之中。从此以后，凡是来向朱熹求学的学生，朱熹都叫他们先到蔡元定那里去学习，在打下了一定的学识基础以后，再到朱熹那里去听讲。学生学业完成后，不仅要与朱熹辞别，而且还要到蔡元定那里去辞行后才离开。由此可见朱熹和他的学生对蔡元定都十分敬重。当时南宋朝廷由韩侂胄专权，太常少卿尤袤、秘书少监杨万里曾联名推荐蔡元定，但他始终不愿做官，宁肯终身从事教学工作。他在西山修了一个别墅，准备作为他长期讲学的地方。但由于韩侂胄极力攻击朱熹和他的学生，宋宁宗庆元二年监察御史沈继祖诬朱熹有罪十条。蔡元定是朱熹学生的首领，因此被充军到道州（今湖南道县）。蔡元定临行时，朱熹和他的学生专门设宴给他送行。不少送行的学生都对蔡元定遭到迫害而感叹得流泪。蔡元定本人却安然和平时一样。他不畏权奸的陷害，与他的儿子蔡沉步行三千里，脚板都走得皮破血流才到了道州。他到了道州以后，仍然继续坚持讲学。当地的一些知识分子因仰慕他的名声都来向他求教。蔡元定直到病死前都还坚持讲学不倦，他这种精神在当时就受到知识界的敬佩。

蔡元定虽然是朱熹的学生，但他对朱熹的性理之学并没有什么新的发展。

可是他对天文、地理、乐律、兵阵等却很有研究。并因此而闻名当世。至于教学理论方面，他也没有比较突出的见解。基本上是承袭了朱熹的一些主张。

蔡元定的著作有：《大衍详说》、《律吕新书》、《燕乐》、《原辩》、《皇极经世》、《太玄潜虚指要》、《洪范解》、《八阵图说》等，后世学者编者《西山文集》）。

蔡元定的儿子蔡沉，继承了祖父和父亲学说的成就，是当时研究数理哲学最有名的学者，他隐居于九峰，不肯出来问世，所以学者称他为九峰先生。

吕祖谦

吕祖谦，字伯恭，南宋教育家。原籍河东人，后来搬家到寿春（今安徽寿县），又从寿春搬到开封，最后又迁婺州（今浙江金华）。生于宋高宗绍兴七年（公元 1137 年），死于宋孝宗淳熙八年（公元 1181 年），活了四十五岁。他死了以后，朱熹在他的墓碑上题名为"宋东莱先生吕伯恭之墓"。所以后世就称他为东莱先生。吕祖谦的祖代，从宋仁宗时的吕公著起，几乎历代都是比较有名的儒家学者，因此，吕祖谦在幼年时就受到家庭的教育和影响。后又拜林之奇、吴应辰、胡宪等为老师，向他们学习儒家的学术。并与朱熹、张栻为友，互相砥砺学行，交流学术心得。所以他的年寿虽然不长，但在学术上的成就很大。吕祖谦在二十七岁时考中进士，以后又中博学鸿词科。宋孝宗乾道五年，被委任为太学博士兼管严州（今浙江建德）教授。当时著名学者张栻正担任严州知事，吕祖谦得到张栻的许多指点和帮助，学术上的进步很快。乾道六年，宋孝宗命他就任太学博士的官职而召进京城。同时派他为国史编修官，实录院检讨官。乾道七年，改任在左教郎，召试馆职。乾道八年派他任考试官，后因父亲病死辞官回乡。在家乡住了三年，各地学生来向他求教的很多。宋教宗淳熙二年，吕祖谦为了与朱熹探讨学术，曾经专程去武夷拜访朱熹，他在朱熹那里住了几个月，共同研究学术，后来朱熹送吕祖谦到信州（今江西上饶市）鹅湖寺。就在这时，吕祖谦发起召开了我国学术史上著名的鹅湖会。参加鹅湖会的除朱熹、陆九渊和吕祖谦之外，还有陆九龄及浙江的赵守景、刘子澄等儒家学者。这次会议，吕祖谦的目的是想调和朱熹与陆九渊的学术争论。但辩论的结果，还是没有得到统一的见解，于是只好不欢而散。可是通过这次会议，对后来提倡自由讲学，各抒己见的风气有很大的影响。淳熙三年，吕祖谦又被召入京，担任秘书郎，并继续兼任国史馆的编修官。淳熙五年，又委派为殿试考官，同时兼任国史馆编修官。到淳熙八年就病死了。吕祖谦与朱熹的感情很好，在朱熹与陆九渊的争论中，他常从中调解，所以吕祖谦一死，差不多把朱熹的眼睛哭肿了。

吕祖谦一生，主要从事于教育工作，他把宣扬儒家的学术，改变社会风气作为自己毕生的事业。所以说他的教育宗旨就是"昌明正学，转移风俗"八个字。他认为要宣扬孔、孟等儒家的学术和道理，必须通过讲学才能实现。讲学的人多了，培养出来的人才就会多。人才多了，遵从孔，孟学说的人也就多了。如果像这样普遍地开展讲学活动，就会在社会上造成一种按儒家学说来维持社会生活的风气，就可以移风易俗。吕祖谦认为当时教育有三种弊病：一是教的内容不切实际；二是训练不踏实；三是学生没有远大的志向。他针对这三种毛病，主张首先应教育学生立大志。其次，教学要与当时的实际相结合，教和学都要以日常生活为出发点，然后才在这个基础上进一步研究高深的理论。只有这样才能培养出社会有用的人才；第三，对学生的训练要踏实，要达到"温柔敦厚"的标准。在教学方法上，他要求应当根据学生的个性、学生文化知识的程度、学生的心理状况和学习上的毛病进行教学。教师的讲授要详略适当，不应当地于详细，讲得太细了，学生就不动脑筋。所以教师的讲解要给学生留下自己思考的内容，使学生自己去研究，并从研究中获得知识。在学生的学习方法上，吕祖谦也提出了一些值得重视的见解。首先，他提出要从实际出发，要从日常生活作起；其次，求学要动脑筋，独立地进行研究，要创造性地学习，勇于提出自己的见解；第三、学习不要有成见，在善于吸取他人的长处，弥补自己的不足；第四，学习一定要坚持不懈，在百忙中也不要忘了读书；第五，读书要认真领会书中的道理，既不要拘泥于书中的见解，但又不要随意穿凿附会。

吕祖谦在他家乡创办的丽泽书院讲学将近十年。他所讲授的教材，不外是四书五经。但他每讲一章都编成讲义，这个讲义就叫做《丽泽讲义》。中国学校教学使用讲义就是从吕祖谦开始的。另外，吕祖谦在丽泽书院还制定了比较详细的学规，这些学规的内容包括各个方面：有讲学宗旨，读书方法，值日须知，退学条例，行动规则，以及发给各州、县学生的通知书，学生迁居的报告，怎样作日记，怎样填写书院学务登记簿等等。这些规定和条例，对后世收院的条规都有一定的影响。

吕祖谦的著作，包括在后世学者辑录的《东莱遗书》中。并曾考定《古周易》、《书说》、《阃范》、《官箴》、《欧阳公本末》等刊行于世。

蔡幼学

蔡幼学，字行之，宋温州（今浙江温州市）瑞安人。南宋教育家。生于宋高宗绍兴二十四年（公元1154年），死于宋宁宗嘉定十二年（公元1219年），活了六十五岁。蔡幼学于十八岁时中进士，被授予广德军教授，后调潭州（今湖南长沙）。宋光宗即位，任命为武学博士，后又调太学任教，并提升为秘书省正字兼实录院检讨官，不久又调为校书郎。宋宁宗即位，韩侂胄专权，委任蔡幼学为福建提举常平。他到了福建后，根本不理政事，专门从事讲学活动。当时朱熹住在建阳，蔡幼学经常去拜访他，和他探讨学问，就因此被罢官回乡。后来因为韩健胄粉饰门面，召国内学者到京城担任官职，因此又调蔡幼学到宋王朝的京城任吏部员外郎，后又调为国子监司业，宗正少卿。韩侂胄被诛以后，提升为中书舍人兼侍讲，宋宁宗嘉定初年，又主管宋王朝选拔人才的工作，还兼任直学院、刑部侍郎、吏部侍郎等官。后来又派往泉州（今福建泉州市）、建康府（今江苏南京市）、福州和福建路做地方官。之后，又调回京城担任宝谟阁直学士，提举万寿宫、兵部尚书、太子詹事等官职，不久就病死了。

蔡幼学从宋孝宗乾道九年担任广德军的教授起，到宋宁宗嘉定十一年逝世止，其中较长的时间是从事教学工作。曾担任过地方学校的教授，也担任中央学校国子监的博士、司业和宫廷的教师。在地方担任官职期间，也从事过讲学活动。并因从事讲学不理政事而被革职罢官。从这些事实看，可以说蔡幼学是一位重视教育事业、热心教育工作的教育家。因为蔡幼学在青年时期就以学识和文章闻名于当时的知识界，所以向他求教的人很多，在当时就有一定的影响。

蔡幼学的著作有，续司马光《公卿百官表》、《年历》、《大事记》、《备忘》、《辨疑》、《编年政要》、《列传举要》共百多篇。

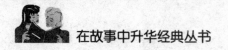

王应麟

王应麟，字伯厚，宋庆元府（今浙江宁波市）人，南宋末年教育家。生于宋宁宗嘉定六年（公元 1223 年），死于元成宗元贞二年（公元 1296 年），活了 74 岁。王应麟从小聪明，记忆力特别好，九岁时就读完"五经"。于宋理宗淳韦占元年中进士时才十八岁，被授官为西安主簿。不久调去管理平江（今江苏苏州市）百万仓、浙西提举常平茶盐主管帐司，扬州教授。宋理宗宝祐四年，王应麟考中博学宏词科。宋理宗在集英殿进行廷试，召开应麟进行复考，宋理宗打算将第七卷列为第一名，并问王应麟有什么意见，王应麟读了第七卷后，赞不绝口地说："是卷古谊若龟镜，忠肝如铁石。"于是以第七卷为第一名，等到撤卷念字时，才知道是文天祥的考卷。王应麟中博学宏词科后，提升主管三省、枢密院架阁文字。后又升为国子博士，太常侍主簿，因与朝臣丁大全的政见不合，被罢官。丁大全失败后，又调王应麟为台州（今浙江临海）通判。后来又将王应麟调到南宋王朝的中央政府任职，先后担任过太常博士、秘书郎、沂清王府教授、著作郎、礼部郎官、直学士院，崇政殿教授、守军器少监、将作监、秘书少监、侍讲、起居舍人、中书舍人等官职。又因为与丞相贾似道的政见不合，被调到徽州（今安徽歙县）做地方官，但在徽州的时间不长，又调作秘书监，国史编修官、实录检讨官兼侍讲。因母亲病死辞职回家。不久又调任为中书舍人，兼直学士院，尚书兼给事中等官，又因与丞相刘梦炎政见不合，辞官回家。

王庆麟一生，除了在南宋王朝担任官职外，还担过地方学校的教授，太学博士，王府和宫廷的教授，皇帝的教师，比较长期地从事于教学工作。不仅如此，王应麟对于教育工作还作了一些专门的研究，撰写过一些教育著作，还编过识字教材。他所编的《三字经》成为全国通行的儿童识字课本，一直流传到清末民初，通用达七、八百年之久，而且还有满汉对照本、蒙汉对照本供兄弟民族的儿童学习之用。王应麟是我国南宋末年著名的儒家学者和教育家。

　　王应麟的著作有：《深宁集》100 卷、《玉堂类藁》23 卷、《掖垣类藁》22 卷、《诗考》5 卷、《诗地理考》5 卷、《通鉴地理考》100 卷、《通鉴地理通释》16 卷、《通鉴答问》4 卷，《困学纪闻》20 卷、《蒙训》70 卷、《集解践阼篇》、《补注急救篇》6 卷、《补注王会篇》、《小学绀珠》10 卷、《玉海》200 卷、《词学指南》4 卷、《词学题苑》40 卷、《笔海》40 卷、《姓氏急救篇》6 卷、《汉制考》4 卷、《六经天文编》6 卷、《小学讽咏》4 卷、《汉艺文志考证》10 卷，等等。

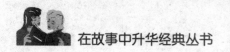
赵 复

　　赵复，字仁甫，元德安（今湖北安陆）人，因为他家住在江汉平原，所以学者又称他为江汉先生，宋末元初教育家。元太宗乙末年，即宋理宗端平二年（公元 1235 年），元太宗命令太子阔出带兵南下攻宋，在德安府俘虏和屠杀南宋官员和老百姓几十万人，当时，赵复也在被俘的群众中。在太子阔出进兵南下时，元太宗命令已经归顺元朝的汉族学者姚枢也随军南下，访求俘虏中的儒家学者、道家学者、佛家学者以及医生、卜士等人才。姚枢在德安府的俘虏群中，发现了赵复，经过与他交谈，知道他是一位有学问有气节的学者，便把他释放了。但因赵复全家都被蒙古军队杀害，所以不想归顺元朝，并与姚枢诀别。姚枢怕他自杀，便将他留在帐幕中一同住宿。半夜里姚枢一觉醒来，忽然不见赵复，只见他的衣服留在床上，于是急忙乘马到死尸中去寻找，也不见赵复。又赶到江边去找，只见赵复正披发赤脚、仰天长嚷，打算投水而死。姚枢开导他说，白白地死了没有益处，继续活下去，或许可以使子孙百世承继你的学业，最好还是随我到北方去才是良策。经过姚枢的劝解，赵复才非常勉强地到北京去。在此之前的五代时的后晋，燕云十六州就割为契丹管辖，南北道路隔绝，北宋时期，虽有河南"二程"讲学于伊、洛一带，但由于宋朝国势衰弱，"二程"学说的影响也只限于南方，还没有传到黄河以北。从赵复到北方以后，就把程、朱的各种经传注释，画录带到北方，开始了宋儒思想在蓟北的广泛传播。

　　赵复到北京后，跟随他学习的学生有一百多人。元世祖对他说：我打算进攻宋朝，你能给我当向导吗？他回答说：宋朝是我的父母国，绝没有引导他人去讨伐我父母的。元世祖见他意志坚决，也就没有强迫他做官。杨帷中（后拜中书令）听了赵复的议论，十分崇敬他的学问，于是同姚枢商量，特建太极书院，立国子祠、祭祀二程（程颢、程颐）、张载、杨龟山、游定夫、朱熹六个儒学大师，选取他们的遗书八十卷，请赵复在太极书院讲学。后来，姚枢退隐苏门，又请赵复继续传播程朱的学说。因此许衡、郝经、刘因等都得到他的著作，并按照他的著作招生教学，使宋儒学说在元代统治的北方盛行起来。从此之后，在我国的北方也出了不少著名的儒家学者。

赵复的著作有《传道图》、《师友图》、《希贤录》等，都是写的从尧舜到朱程许多名人的言行。

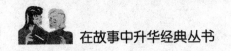

许 谦

许谦，字益元，他的先祖原是京兆人，五世祖南迁婺州（今浙江金华），就成为金华人，元代教育家。他生于宋宁宗庆元五年（公元 1199 年），死于元世祖至元三年（公元 1266 年），活了 68 岁。

许谦在几岁时就成为孤儿，刚刚能说话，世母陶氏教他口念《孝经》、《论语》，他一听便能背诵。年龄稍长，他就努力求学，从不懈怠，家中无钱买书，就借别人的书，昼夜勤读，虽然病了也不停止。许谦在初读书时没有老师，学习中遇到疑难无法解决，后来他知道金履祥很有学问，便登门求教。由于他无书不读，穷探深究，哪怕只言片语也不放过，所以数年之后，得到了金履祥的学问的奥妙，知识逐渐广博，品德也逐渐高尚起来，成为一位很有学识的教育家。

许谦在 30 岁以后开始招生教学，设讲坛在八华山中，四方的读书士子闻风接踵而至，河南、河北、山东、两湖、两江、安徽前来登记为学生的不下千余人。他教育学生，忠厚诚恳，用尽心思。他常说：自己有了知识，也使别有知识，岂不快乐啊！遇着学生提出的问题词不达意时，他总是给予补充，说清楚学生想说而不能表达清楚的话，并作圆满回答。他整天讨论问题、讲解经书不知厌倦，学生愈是洗耳恭听，他讲解得愈真切。他能使懒惰的人振作起来，锐敏的人受到适当的抑制，拘谨的人开阔起来，放荡的人约束起来。凡是到他门下学习的学生，不管聪明或迟钝，学习能力强和弱，都有不同程度的收获。然而，他就是不教学生做科举考试的文章。他说，这是"义"和"利"的分水岭。许谦潜心教学，不离开家乡四十年，四面八方的读书人都以不能及其门为耻。官僚贵族们凡路过金华都要到许谦家求教，访问典礼或政事。许谦都根据情况给予回答，听者无不信服。他常以白云自号，所以世人称他为白云先生。

许谦是朱熹的第四传弟子，所以他一生研究的学问不外是程朱理学。他采用的教本就是朱熹的《四书集注》。他的培养目标是先得圣人之心，后做圣人的事而为圣人。他的训练工夫是开明心术，变化气质，为善去恶。

许谦著有《丛说》、《名物钞》、《治忽几微》、《自省编》等书。

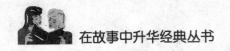

许　衡

　　许衡，字仲平，元怀庆路河内（今河南省心阳县）人，元代教育家。他生于金章宗太和八年，即宋宁宗嘉定二年（公元1209年），死于元世祖至元十八年（公元1281年），活了73岁。

　　许衡幼年特别聪明，七岁入学，读《四书章句》，对老师发问道：为什么要读书？老师回答：猎取功名嘛！又问：难道仅只为猎取功名吗？老师大为惊奇。每读一书他都要追问书中的精神和意义。老师解答不了，就对许衡的父母说：你儿子聪明非凡，以后必然大大地超过一般人，我不敢妄称他的老师，说罢告辞而去。许衡父母强留也留不住，就这样一连换了三个老师。随着他年龄的增长，对学习也达到了如饥似渴的程度，然而，遭受战乱，逃难途中，无钱买书。一次他看见别人家里有《书经》疏义，就请求借宿数夜，将书抄完后再走。当他逃入祖徕山时，得到《易王辅嗣说》一书，更是昼思夜读，身体力行、孜孜不倦，言语和行动都以书中的精神为准则。他路过河阳，口渴极了，路旁有熟透了的梨子，难民们争先恐后地摘吃，独许衡泰然坐在树下不动，别人问他为什么不摘梨子解渴？他说，不是自己的东西随便拿是不可以的。旁边有另一个人说：世道乱了，梨子没有主人。他说：梨子无主人，难道我心里也没有主张吗？

　　在从山东到山西的流离途中，人们看见许衡有德行，便有少数人跟随他学习。二年之后，许衡回到怀州，听说姚枢在苏门兴学，便专程前往拜访，得到程朱的遗书，因此才逐渐转变到研究程朱学说。他在居住苏门期间，曾与姚枢、窦默共同讲课，完本按照程朱的讲习方法教育学生。宋理宗宝祐二年（1254年），元世祖在关中称王，命令姚枢为农使。教民耕种，同时命令许衡为京兆提学，教化人民。当时正值关中人民连年遭受兵祸之后，想学习没有老师，听说许衡任提学，莫不高高兴兴地送子入学读书。许衡管理关中教育期间，郡县两级都建立学校，没有几年的功夫，"民大化之"。元世祖南征，许衡要回怀州去，学生们再三挽留，临行时，学生也不忍他离去，一直送他到临潼县才和学生分别。

至元八年，即宋度宗咸淳七年（公元1271年），许衡被任命为集贤大学士、兼国子祭酒，教育蒙古族子弟。他对这项任命很满意，说：这是我的事情，蒙古子弟朴实不虚滑，学习必然专一，倘若放在学校中教养多年，必能成为国家的有用人才。于是他邀请门生王梓、刘季伟、韩思永、耶律有尚、吕端善、姚燧、高凝、白栋、苏郁、姚炖、孙安、刘安中十二人为伴读（负责宗氏子弟教学的官）分配到各斋任斋长。当时选择的蒙族子弟都很幼雅，而许衡却把他们当成人看待，爱他们如儿子，进退出入，像臣子和国君之间那样严格。他在教学中注意因材施教，按照学生的各自特点，因势利导。所以，元史许衡列传上说"其为教，因觉（对事物的感受和辨别能力）以明善，因明（清楚明白的程度）以开蔽（遮蔽），相其动息以为张弛"。课余时间，他还要领导学生练习礼仪，练习书法、算学。特别是年龄小的学生，他还要领导他们练习跪拜、揖让、进退、应对、射箭、投壶（宾主宴饮时的娱乐活动）等科目，不服从命令的，给予适当处罚。久而久之，学生个个都有收获，哪怕是年龄最小的儿童都知道三纲五常是人生必不可少的东西。

许衡在教育上提出培养儿童的羞耻之心和教育依次序的主张。他认为：儿童有了羞耻之心，当教师施行惩罚时，才有所畏惧，才不敢做坏事；当教师施行奖赏时，才有所羡慕，乐于做好事。许衡把教育分为小学和大学两个阶段，必须先小学而后大学。小学以朱熹的《小学》及《四书》为主要教材，练习洒扫、应对、进退等。大学以《诗》、《书》《易》、《春秋》为主要教材，讲求修养自己、统治人民的道理。

许衡善于与学生谈话，他的言语总是很温和。即使与年龄较小的儿童谈话，也怕伤害对方。所以，他凡是到一个地方，无论贵贱贤愚都乐意与他游学，分别时，都哭泣着不忍他离去。学生们都把他的教育当成金科玉律，终身不敢忘记。

至元十五年（公元1278年），元朝的权臣屡次毁坏学校法规，国学的学生生活没有保障，许衡对此不满，申请回了怀州。至元十六年（公元1279年），又以集贤大学士，兼国子祭酒召至京师，领导太史院，修定《授时历》，颁行全国。至元十七年（公元1280年）历成，六月请病假还乡，至元十八年（公元1281年）死去。四方的学生闻听噩耗都相聚痛哭，有的还跋涉几千里路到他的墓前来祭奠。

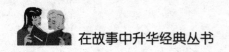

金履祥

金履祥，字吉父，元婺州（今浙江省金华县）兰溪人，元代教育家。他生于宋理宗绍定五年（公元1232年），死于元成宗大德七年（公元1303年），活了71岁。

金履祥幼年聪敏，年纪很小时，他的父兄教他一些书就能记诵。年龄稍长，他又能鞭策自己，刻苦求学，凡是天文、地形、礼乐、田乘、兵谋、阴阳、律历等各种书籍无不用心阅读、仔细研究。到30岁时，他突然对性理之学发生了兴趣，先拜金华县的王柏为师，后又登何基的门求教，从此学识造诣日益精深。当时，宋朝的襄阳、樊城危急，他积极献退兵的策略，但未被采纳。南宋恭帝德祐初年，朝廷起用他为迪功郎、史馆编校，他推辞不愿意做官。宋王朝又打算请他修订前代的文物制度，恰巧婺州（今浙江金华）地区农民革命兴起，金履祥因害怕而逃入金华山中，再不过问天下大事。他隐居在仁山脚下30年，一面著书，一面讲学，门下学生很多，其中以许谦为最有名的高才生。他在仁山隐居的时间很长，所以学者称他为仁山先生。

金履祥讲学近30年，他的教育目的是培养完人、圣人。什么样的人是完人、圣人呢？他说："天地之心者何也？仁也，生生之道也"。也就是说宇宙万物，生生不息，循环无穷，便是天地之心。这种在天之心，即是仁心，即是天理，有这种仁心才可以见人性。由仁心推而广之就达到完人、圣人的地步。教育的作用，一面由教育者说明仁心，启发仁心；一面由受教育者培养仁心，扩充仁心。仁心本来与天地同在，与日月并存，但一般人由于被物欲所迷惑，被视听蒙蔽，所以不能经常得见。如要重见仁心就要修养。修养的方法就是"静"，就是要做"收视反听、澄心定虑"的功夫。金履祥的讲学内容多属于哲学思想，尤其重视"理一分殊"的学说。

金履祥的著作有《大学章句疏义》、《论语、孟子集注考证》、《书表注》等。

肖惟斗

肖惟斗，名爽麒，先祖为北海人，其父到秦中做官就成了奉元（今陕西省西安市）人，元代教育家。他生于宋理宗绍定二年（公元1229年），死于元成宗大德十一年（公元1037年）。

肖惟斗少年时期当过府吏，因与上司意见不合，自行辞职，在南山中读书三十年。他制了一件皮衣服，裹着下半部身子，卧在榻上，顽强地苦读不停。他博览了群书，天文、地理，律历、算数无不研究。侯均认为，元朝统治中国百来年，唯有肖惟斗是有学识的人，读书人到他门下求学的很多。肖惟斗品格高尚，又很有威望。有一次，他在路上遇见一个妇女掉失了金钗，那个妇女怀疑是他拾得了，说我后面没有其他的过路人，只有先生一个呀！肖惟斗把那妇女引到自己家里，把家中的金钗给了她。后来，那个妇女找到自己遗失的金钗，很惭愧地把原物奉还给肖惟斗。又有一次，同村人深夜从城里回家，在途中被行窃的人抓住，即将加害。村人诈称说："我是肖先生"。行窃的人非常吃惊，立即把他放了。

元世祖在秦中执政，召见肖惟斗、杨恭懿、韩择为秦宫侍从官，肖惟斗以身体不好为理由辞谢了。又授予陕西儒学提举，他也没有到职。省宪大臣到他家里去设宴祝贺他，叫一名小官吏先行，正遇肖惟斗在菜园中浇水。小吏以为浇水的是肖惟斗的仆人，便命令他喂马，肖惟斗连声允诺，毫不拒绝。等到他严整衣冠出来接客时，小吏见了很不好意思。后来，朝廷又曾多次授予他集贤直学士，国子司业，改集贤侍读士学等官，他都没有到职。大德十一年（公元1307年），拜太子右谕德（管太子侍从赞谕），他带病到大都（今北京），入东宫朝拜，写《酒诰》作为献礼（因为当时元朝廷喜好饮酒）。但接着他又因病请求辞职，别人问他为什么？他说，按照礼节，太子坐在东面，师傅坐在西面，像话吗？不久，又拜集贤学士，国子祭酒。因病发，他坚决辞职回家，死时78岁。

肖惟斗的封建德行较高，注重实践。他教书，必先从《小学》开始，他写文章立意很精深，言近而指远。关中和三辅地区的读书人很多都以他为宗师，被誉为一代醇儒。他的著作有《三礼说》、《小学标题驳论》、《九州志》、《勤斋文集》等。

刘 因

　　刘因，字梦吉，元保定路容城（今河北省清苑县东北）人，元代教育家。他生于宋理宗淳祐九年（公元 1249 年），死于元世祖至元三十年（公元 1293年），只活了四十五岁。他平时喜爱诸葛孔明静以修身的话，把所居住的屋子题名"静修"，所以，世人称他为静修先生。

　　刘因自幼很聪明，元史说他"天资绝人、三岁识书，日记千百言，过目即成诵，六岁能诗，七岁能属文，落笔惊人。"他刚满 20 岁，才器超人，每天能读很多书，写作《希圣解》。国子司业砚弥坚在真定（今河北省正定县南）教书，刘因随从游学，研究训诂注释，后得周（廉溪）、邵（康节）、张（横渠）、程、朱、吕（祖谦）的遗书，转而研究宋儒理学。他说："邵，至大也，周，至精也，程，至正也，朱子极其大，尽其精，而贯之以正也"。

　　刘因一生没有做官，只在至元十九年（公元 1282 年）奉元世祖的邀请，当了几个月皇宫中近侍子弟的教师，不久，因母病辞职。他的教育生活二十五年，全属于私人讲授。他以家庭为学校，师道尊严，对来家求学的学生，按照不同的材器进行教育，都收到显著的效果。达官贵人路过保定的很多，听见刘因的大名，往往都前去拜望他。但刘因一般都回避了。不了解情况的人还以为他骄傲，其实他是不愿意与这些人交往。

　　刘因的著作有《四书精要》30 卷，诗《丁该集》五卷，《文集》十余卷，《易系辞说》等。另外，他的学生和老朋友还将他的言论辑为《小学中书语录》。

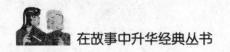

吴　澄

　　吴澄，字幼清，元抚州路（今江西临川）崇仁（在今临川县西南）人，元代教育家。他家居草房数间，程钜夫题"草庐"二字作匾额，所以学者称之为草庐先生。吴澄生于宋理宗淳祐九年（公元1249年），死于元顺帝统元年（公元1333年）活了85岁。

　　吴澄幼年时代聪明而又好学，刚满三岁，祖父教他古诗，他随口就能背诵。五岁时，他出外读书，每天能记诵上千字，夜晚读书到天明。母亲害怕他过于勤奋、伤害身体，不多给蜡烛。但他等母亲熟睡之后，又偷偷燃着蜡烛诵习。9岁时，每次与同学们在乡村学校考试都是第一名。22岁，他读遍《经》、《传》各书，考中举子，但多次参加进士考试都名落孙山。元世祖至元十三年，即宋恭帝德祐二年（公元1276年），他隐居布水谷，撰著《孝经章句》，校定《易》、《诗》、《春秋》、《仪礼》及《大小戴礼》。朝廷知道以后，特命使臣到他家里将他的著作全部抄录，陈列于国子监，供太学生们阅读。元成宗元贞年间，吴澄拜江西儒学副提举，仅在任三个月，元武宗至大元年（公元1312年）提升为国子司业，英宗继位，又越级升迁为翰林学士，进阶太中大夫。元泰帝泰定元年（公元1324年），任命他为修《英宗实录》的总裁，实录修成，还未上报，他就闭门不出了。中书左丞许师敬奉皇帝的命令在国史院举行宴会，转达朝廷挽留他的意思。宴罢，他出城上船就走了。中书省命令驿站追赶也未追上。元顺帝元统元年（公元1333年）六月，吴澄病死于家中。

　　吴澄的教育生活从25岁开始到老死为止，除做官三年多以外，全为私人讲学时间，可说是一个终身从事教育活动的教育家。他到过乐安、宜黄、福州、龙兴、扬州、袁州、真州、永丰、建康、燕京等处讲学，每到一处，学生莫不望风云集。《元史吴澄列传》记载："出登朝署，退归于家，与郡邑之所经由，士大夫皆迎请执业（操持弟子之业），而四方之士不惮（怕）数千里蹑履负籍（踏着草鞋、背着书籍）来学山中者，常不下数百人"。他游龙兴、按察司经历郝文把他迎到郡学，并记录他每天讲课的言论达几千字。行省掾元明擅自认为文学很不错，当他同吴澄谈论《易经》、《书经》《春秋》的深奥意义时，高兴地说："与吴先生言，如探渊海"（《元史吴澄传》），立即拜吴澄为师，左丞董士选把吴澄请到家里讲学，亲自设宴招待说："吴先生，天下士也"（同上）。他在国子监，白天学生们依次听讲，傍晚退居卧室，拿着书本前往问难的接踵而至。他根据程颐的《学校疏奏》、胡瑗的《六学教法》、朱熹的《学校贡举私议》定出教法四条——分科教学。第一条是经学，包括易、书、诗、礼仪、周礼、礼记、春秋；第二条是行实，包括孝、弟、睦、姻、任、恤；第三条是文艺，包括古文和诗词；第四条是治事，包括选举、食货、水利、数学、礼仪、乐律、通典、刑统。但没有来得及实行，他就辞职归家了。

吴澄的教育宗旨一方面在培养儿童的善良天地之性，一方面在消除他们相异的不良气质之性。要达到这个目的，吴澄认为，首先要明本心，其次是读书穷理。也就是说要尊德性而后道学问。他的教育方法是"各因其材质，反复训诱之，每至夜分，虽寒暑不易也"（《元史吴澄传》）。

吴澄撰有《孝经章句》、《学基》、《学统》二篇。校定《易》、《书》、《诗》、《春秋》、《仪礼》、《大戴礼》、《小戴礼》、《皇极经世书》、《老子》、《庄子》、《太玄经》、《乐律》、《八阵图》以及郭璞的《葬书》。

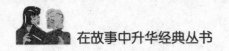

陈 栎

陈栎，字寿翁，元徽州路（今安徽敉县）休宁人，元代教育家。生于宋理宗淳祐十二年（公元1252年），死于元顺帝元统二年（公元1334年），活了83岁。

陈栎幼时非常聪明，刚三岁，祖母吴氏口头教他学《孝经》，他一学就能背诵。五岁时，略读各种经史，七岁，通晓考进士的学业。15岁，被乡里人奉为老师。

南宋灭亡，科举废除，陈栎下决心努力读书，专心致志地研究儒家学说。他常称朱熹是最有功于儒家的人。朱熹死了不久，各家学说兴起，他认为是淆乱了儒学的本来面目，于是著《四书发明》、《书（集）传纂疏》、《礼记集义》等书，积极宣扬朱熹的学说。

元仁宗延祐初年，地方官强迫陈栎参加科考，中了举人，但他不再去参加礼部考试，回到家中从事于教育工作，数十年不离家门。陈栎对学生善于诱导，孜孜不倦。吴澄经常称赞他比朱熹对儒学的贡献还大，并把江苏、浙江来自己门下求学的学生，都介绍到陈栎的私塾里去学习。陈栎所居住的屋子名叫"定宇"，所以学者称他为定宇先生。

后来，揭缓斯写墓碑，把陈栎与吴澄并称，碑文说："澄居通都大邑，又数登用于朝，天下学者，四面而归之。故其道远而章，尊而明。栎居万山间，与木石俱，而足迹未尝出乡里。故其学必待其书之行，天下乃能知之。及其行也，亦莫之御，是可谓豪杰之士矣。"（《元史陈栎传》）

同 恕

同恕，字宽甫，其先祖为宋太原府（今山西省太原市）人，五世祖迁往秦中，就变为奉元（今陕西西安市）人，元代教育家。生于宋理宗宝祐二年（公元1254年），死于元文宗至顺二年（公元1331年），活了78岁。

同恕从小喜欢安静，随私塾老师学习，每天能背诵数千字。年满十三岁，就以《书经》的成绩为乡村学校第一名。至元年间，朝廷选六部小官吏，陕西省以同恕上报礼部，他谢绝不到任所。元仁宗即位后，曾派人到同恕家，拜他为国子司业，官阶为儒林郎。朝廷一连下了三次聘书，他都没有前去就职。陕西省行台御史赵世延请他到西安市鲁斋书院执教，中书省又推荐他管理全国教育事业，都得到皇帝的批准。在此期间，先后来读书的人上千数。延祐年间开科取士，同恕主持乡试，人们都很信服他判卷公允。延祐六年，被召为奉议大夫，太子左赞善。元英宗至治元年（1321年），拜集贤侍读学士，以年老多病辞谢。

同恕教育学生注意反复诱导，使学生志趣趋向端正。他家里贫穷，平时没有一点积蓄，但却藏书数十万卷。因他的庄院匾名为榘（矩繁休）巷，他的著作名为《榘庵集》），共二十卷。

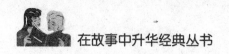

黄　泽

　　黄泽，字楚望，其先祖为长安人，唐朝末年，黄舒艺到资州（今四川资中县）内江县（今四川内江县）当县官，子孙便成了资州人。黄泽的父亲黄仪可因多次科考不第，于是由资州到九江，投靠在九江做官的哥哥。后遇四川大乱不能归蜀，只好在九江定居，成为九江人。黄泽是元代教育家，生于宋理宗景定元年（公元1260年），死于元顺帝至正六年（公元1346年），活了87岁。

　　黄泽有不平凡的资质，以倡明经史、学习儒学为己任。他读书善于思索，往往因苦思冥想而成病，但病愈之后又思索，久而久之，就好像看见了书中的奥妙。

　　元成宗大德年间，江西省相臣得知黄泽是位学识渊博的学者，特授予他江州景星书院山长的职务，专门从事于教育工作。后来，他又当了洪州东湖书院的山长，前来入学的学生很多。他一面教学，一面著书立说。在这个时期，他写出了《思古吟》十章。十年服务期满，黄泽回到家中，开办私学，并以教学的收入来奉养双亲，维持全家生活，不再出外做官。他是一位长期在民间从事教育活动的教育家。

　　黄泽的家庭经济极端贫困，当他年老不能再从事教育工作时，灾荒年只好带领妻子儿女采野果充饥。然而黄泽的意志很顽强，就是在这样困难的条件下，仍然坚持著述，并以儒家学说没有倡明和经学失传而时常忧虑。他死后，著作留存在世上的很少，仅有十分之二、三。

　　黄泽的著作有《思古吟》、《十翼举要》、《忘象辩》、《象略》、《辩同论》、《三传义例考》、《笔削本旨》、《元年春王正月辩》、《诸侯娶女立子通考》、《鲁隐公不书即位义》、《殷周诸侯稀祫考》、《周太庙单祭合食说》、《丘甲辩》、《易学滥觞》《春秋指要》等。

胡长孺

　　胡长孺，字汲仲，元婺州路（今浙江金华）永康人，元代教育家，生于宋理宗嘉熙四年（公元1240年），死于元仁宗元祐元年，活了75岁。

　　胡长孺的祖父、父亲都是南宋的进士。到了胡长孺，学识更加渊博，无论九经、诸史、百家（包括名家、墨家、纵横家）、律令、章程无不研究。宋度宗咸淳年间，胡长孺的舅父徐道隆当荆湖四川宣抚参议官，他随舅父到四川，参加选官考试，中第一名，当了迪功郎，管理重庆府的烧酒业。很快，又兼总领湖广军钱粮所金厅，与高彭、李泌、梅应春等号称南中八士。后来，又拜福宁州的副官。南宋灭亡，他退居永康山中。元世祖至元二十五年（公元1288年），朝廷下诏求贤，地方官强迫他到京师，拜集贤修撰，但与宰相意见不合，改任扬州教授。元成宗元贞元年（公元1295年）移为建昌（今江西南城）录事。元武宗至大元年（公元1308年）转任台州路（今浙江临海）宁海县主簿。元仁宗延祐元年（公元1314年），调任两浙转运盐使，主管长山场盐务，但他以病辞谢，没有到任。从此以后，他不再出外做官，隐居于虎林山，直到他病死。

　　胡长孺的学问渊源于朱熹，为朱熹的第三传弟子，对朱熹的学说很有研究，一些崇拜朱熹的读书人都很羡慕他，认为他继承了朱熹的事业，因此，来向他求教的人很多。他也以发扬朱熹的学说为己任，唯恐朱熹的学说失传，对青年人教育诱导不知疲倦，而且常以孟子自称。方岳大臣与郡守二千石曾聘请他到路学教授经义课，围绕着他听讲的人数以百计。他的辞章写得很好，犹如敲金撞玉，发出和谐的声音。国内人士来购买他的著作如像购买合抱大的玉器一样，碑版辉煌、照耀四方。倘若不是知己，虽然一个金钱换一个字也坚决不卖。他晚年寓居虎林山，得喘气病返故乡而死。

　　胡长孺所著的书有《瓦缶编》、《南昌集》、《宁海漫抄》、《颜乐斋藁》等。

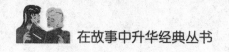

熊朋来

熊朋来，字与可，豫章（今江西南昌市）人，元代教育家。因他曾自号天墉，所以学者称他为天墉先生，生于宋理宗淳祐六年（公元1246年），死于元英宗至治三年（公元1323年），活了78岁。

熊朋来是宋度宗咸淳十年（公元1274年）第四名进士，授职从事郎，宝庆府金书判官厅公事，他还没有上任，宋朝就灭亡了。

元世祖初得江南，大力任用南宋的旧官吏，尤其重用进士。南宋的宰相留梦炎被任用为尚书，1274年的状元王龙泽被召为江南行台监察御史。熊朋来是王龙泽的同榜进士，名声不在王龙泽之下，但不肯轻易出任元朝官吏，便隐居在处州（今浙江丽水）乡间，聚徒讲学。他的学生人数经常达数百人之多。他取朱熹的《小学》为教材，并提出书中的要领来启发教育学生。

当时，豫章为江西省会，住在这里的多是朝廷的有名公卿及其子弟，他们都以宾礼延见熊朋来。廉希宪的儿子廉惇为参知政事，以学生对老师的礼节事奉熊朋来，称为终身弟子。刘宣为提刑按察使，对熊朋来尤其加礼尊重。熊朋来对学生和蔼但不放纵，耿直但不偏急。他经常与学生共同讨论经史，探究学问。

当时，元朝中央政府曾派治书御史王构到江西挑选官员，参政徐琰，李世贵竭力推荐熊朋来为闽海提举学官。上报朝廷之后，熊朋来被任命为两郡教授。凡是他所到之处，考查古篆字籀文，校正乐律器具，协调诗歌，以兴高尚的音乐，使读书人受到很大的感化。他每次讲完课回家休息都要奏乐歌诗以自乐，并作《瑟赋》二篇，学者争着传诵。学生从各地来向他求教的逐渐多起来，住宅四周的农家房屋都住满了。熊朋来讲说经书，虽然年老却不知疲倦，凡是得到他教诲的人，多数都有一定成就。

熊朋来有《家集》30卷。

严 复

生平简介

严复（1854～1921年）原名宗光，字又陵，后改名复，字几道，福建侯官人，汉族，是清末很有影响的资产阶级启蒙思想家，翻译家和教育家，是中国近代史上向西方国家寻找真理的"先进的中国人"之一。

严复出生在一个医生家庭里。1866年，严复考入了家乡的福州船政学堂，学习英文及近代自然科学知识，五年后以优等成绩毕业。1877到1879年，严复等被公派到英国留学，先入普茨茅斯大学，后转到格林威治海军学院。留学期间，严复对英国的社会政治发生兴趣，涉猎了大量资产阶级政治学术理论，并且尤为赞赏达尔文的进化论观点。

1879年毕业回国，到福州船厂船政学任教习，次年调任天津北洋水师学堂总教习（教务长），后升为总办（校长）。严复还曾担任过京师大学堂译局总办、上海复旦公学校长、安庆高等师范学堂校长，清朝学部名辞馆总编辑等职。

回国后，严复从海军界转入思想界，积极倡导西学的启蒙教育，完成了著名的《天演论》的翻译工作。他的译著既区别与赫胥黎的原著，又不同于斯宾塞的普遍进化观。在《天演论》中，严复以"物竞天择、适者生存"的生物进化理论阐发其救亡图存的观点，提倡鼓民力、开民智、新民德、自强自立、号召救亡图存。译文简练，首倡"信、达、雅"的译文标准。主办《国闻报》。"与天交胜"在当时的知识界广为流传。他的著名译著还有亚当·斯密的《原富》、斯宾塞的《群学肄言》、孟德斯鸠的《法意》等，他第一次把西方的古典经济学、政治学理论以及自然科学和哲学理论较为系统地引入中国，启蒙与教育了一代国人。

辛亥革命后，京师大学堂改名为北京大学。1912年严复受袁世凯命担任北大校长之职，这也说明严复在思想界和学术界的令人信服的显赫地位。此时严复的中西文化比较观走向成熟，开始进入自身反省阶段，趋向对传统文化的复归。他担忧中国丧失本民族的国种特性会如鱼之离水而处空，如蹩跛者之挟拐以行，如短于精神者之恃鸦片为发越，此谓之失其本性而失其本性未能有久存者也。出于这样一种对中华民族前途与命运的更深一层的忧虑，严复曾经试图将北京大学的文科与经学合而为一，完全用来治旧学，"用以保持吾国四、五千载圣圣相传之纲纪彝伦道德文章于不坠。"

1921 年 10 月 27 日去世，终年 68 岁。著作有《严几道诗文钞》等。著译编为《侯官严氏丛刑》、《严译名著丛刊》。

观点与思想

在复法运动中，严复是一个反对顽固保守、力主复法的维新派思想家。他不仅著文阐述维新的必要性、重要性、迫切性，而且翻译了英国生物学家赫胥黎的《天演论》，以"物竞天择、适者生存"作为救亡图存的理论依据，在当时产生了巨大的影响。戊戌变法后，他致力于翻译西方资产阶级哲学社会学说及自然科学著作，是一个资产阶级启蒙思想家。严复信奉达尔文进化论和斯宾塞的庸俗进化化。这是他政治思想的理论基础，也是他教育思想的理论基础。严复在《原强》中提出，一个国家的强弱存亡决定于三个基本条件："一曰血气体力之强，二曰聪明智慧之强，三曰德性义仁之强。"他幻想通过资产阶级的体、智、德三方面教育增强国威。"是以今日要政统于三端：一曰鼓民力，二曰开民智，三曰新民德"。所谓鼓民力，就是全国人民要有健康的体魄，要禁绝鸦片和禁止缠足恶习；所谓开民智，主要是以西学代替科举；所谓新民德，主要是废除专制统治，实行君主立宪，倡导"尊民"。严复要求维新变法，却又主张"惟不可期之以聚。""除而不骤"的具体办法就是要通过教育来实现，即在当时的中国，要实行君主立宪。必须开民智之后才能实行，总之，教育救国论是严复的一个突出思想特点。

严复疾呼必须实行变法，否则必然亡国。而变法最当先的是废除八股。严复历数八股的危害：夫八股非自能害国也，害在使天下无人才，其使天下无人才奈何？曰有大害三："其一曰锢智慧"、"其二曰坏心术"、"其三曰滋游手"。严复主张多办学校，他曾论述西洋各国重视教育，对"民不读书，罪其父母"的强行义务教育表示赞赏。因为中国民之愚智悬殊，自然不能胜过人家。基于这种思想，严复对办学校是积极的。他除亲自总理北洋水师学堂长达二十年外，还帮助别人办过学校，如天津俄文馆、北京通艺学堂等。严复要求建立完整的学校系统来普及教育，以开民智。他根据资本主义国家的制度，提出中国的学校教育应分三段的计划，即小学堂、中学堂和大学堂。小学堂吸收 16 岁以前的儿童入学；中学堂吸收 16 岁至 21 岁文理通顺、有小学基础的青年入学；大学堂学习三、四年，然后升入专门学堂进行分科的专业学习。同时，还要把学习好的聪明之士送出国留学，以造就学有专长的人才。

此外，严复还很重视妇女教育。他对当时上海径正女学的创办大为赞赏。认为这是中国妇女摆脱封建礼教束缚的开始，也是中国妇女自强的开始。他从救亡图存的目的出发，认为妇女自强"为国致至深之根本"。他还主张妇女应和男子一样，在女学堂里既要读书，又要参加社会活动，如果不参加社会活动，创办的女学堂就和封建私塾没什么区别，因而也就无意义了。显然，他是将妇女置于整个社会变革，特别是妇女自身解放的前提下来考虑的，故十分强调参加社会活动对女学堂学生的重要意义，这也是他在妇女教育方面高出一般人之处。

严复提倡西学，反对洋务派"中学为体、西学为用"的观点。他曾多次将中学与西学作比较："中国最重三纲，而西人首言平等；中国亲亲，而西人尚贤；中国以孝治天下，而西人以公治天下；中国尊主，而西人隆民"……其于为学也，中国夸多识，而西人恃人力。总之，西学"于学术则黜伪而崇真。"他还指出"中国之人好古而忽今，西之人力今以胜古。""古之必敝。"所以他认为就是尧、舜、孔子生在今天的话，也要向西方学习的。要救中国必须学西学和西洋"格致"："益非西学，洋文无以为耳目，而舍格之事，则仅得其皮毛。"他认为"中学有中学之体用，西学有西学之体用，分之则两立，合之则两止"。他认为应做到"体用一致"，"本来一致"要从政治制度上进行改革，提出"以自由为体，以民主为和"的资产阶段教育方针。

他从"体用一致"的观点出发，具体规定了所设想的学校体系中各阶段的教学内容和教学方法。他认为在小学阶段，教育目的是使儿童能"为条达妥适之文"。"而于经义史事亦粗通晓，"因则"旧学功课，十当其九"，并以明白易懂的文字翻译西学中最浅最实之普学为辅助读物。在教学方法上，多采用讲解，减少记诵功夫。中学阶段应以西学为重点，"洋文功课居十分之七，中文功课居十分之三"，并且规定一切皆用洋文授课。在高等学堂阶段，主要学西学，至于中文，则是"有考校，无功课；有书籍，无讲席，听学者以余力自治力。"他认为对于青少年，应引导他们分析，学些专深的知识，如此，让他们有所收益，触类旁通、左右逢源。

科学方法问题是严复西学观中的一个重要方面，他曾翻译《穆勒名学》（形式逻辑），并积极进行对名学的宣传介绍。他认为归纳和演绎是建立科学的两种重要手段。我国几千年来，演绎甚多，归纳绝少，这也是中国"学术之所以多诬，而国计民生之所以病也"的一个原因。严复更重视归纳法，主张要"亲为观察调查"，反对"所求而多论者，皆在文字楮素（纸墨）之间而不知求诸事实"。他曾用赫胥黎的话说："读书得智，是第二手事。唯能以宇宙为我简编，各物为我文字者，斯真学耳"。

地位与影响

严复翻译了《天演论》、《原富》、《群学肄言》、《群己权界论》、《社会通诠》、《穆勒名学》、《名学浅说》、《法意》、《美术通诠》等西洋学术名着，成为近代中国开启民智的一代宗师。离开北洋水师学堂后，严复先后出任安徽高等学堂监督、复旦公学和北京大学等校校长，以教育救国为任。辛亥革命后，他一度党附袁世凯，卷入洪宪帝制，为世人诟病。基于对国情民性的独特把握，严复终身反对革命共和，时持犯众之论，既不获解于当时，更致聚讼于后世。虽然如此，其立身行且秉持特立独行的操守，学术政见有其一以贯之的原则，在翻译学上更是为一时之先，其风格思想影响了后期一大批著名翻译家。其众多译著更是留给后世的宝贵遗产。他的功过是非与成败得失，值得后世用心研究总结。虽然研究严复的论著已为数不少，但相对于他在近代中国思想史上的显赫地位而言，还远远不够，尚待学界进一步挖掘材料、变换视角、革新思维，做出更为全面公正的评判。

康有为

生平简介

康有为（1858年3月19日～1927年3月31日），又名祖诒，字广厦，号长素，号更生，晚年别署天游化人，广东南海人，人称"康南海"，清光绪年间进士，官授工部主事。出身于仕宦家庭，乃广东望族，世代为儒，以理学传家。近代著名政治家、思想家、社会改革家、书法家和学者，他信奉孔子的儒家学说，并致力于将儒家学说改造为可以适应现代社会的国教，曾担任孔教会会长。主要著作有《康子篇》、《新学伪经考》（陈千秋、梁启超协助编纂）、《春秋董氏学》、《孔子改制考》、《日本变政考》、《大同书》、《欧洲十一国游记》、《广艺舟双楫》等。卒年七十。

康有为最早的教师是他的祖父康赞修。他十九岁时拜南海九江有名的学者朱次琦为师。康赞修、朱次琦都崇信宋明理学，因此，康有为在宋明理学的影响下，鄙弃所谓汉学家的烦琐考据，企图开辟新的治学道路。学习一段理学之后，他对理学也不赞成了。因为理学"仅言孔子修己之学，不明孔子救世之学"。他二十二岁那年离开朱次琦，一个人到西樵山白云洞读书，读了不少经世致用的书，如顾炎武的《天下郡国利病书》、顾祖禹的《读史方舆纪要》等。同年他游了一次香港，使他大开眼界。以后他又阅读《海国图志》、《瀛环志略》等书，"购地球图，渐收西学之书. 为讲西学之基矣"。这一年是康有为从中学转为西学的重要开端。1882年，康有为到北京参加会试，回归时经过上海，进一步接触到了资本主义的事物，并收集了不少介绍资本主义各国政治制度和自然科学的书刊。经过学习，康有为逐步认识到资本主义制度，比中国的封建制度先进。帝国主义的侵略，清朝的腐败，使年轻的康有为胸中燃起了救国之火；西方的强盛，使他立志要向西方学习，借以挽救正在危亡中的祖国。

1888 年。康有为到北京参加顺天乡试，没有考取。当年 9 月，他上书光绪帝，痛陈祖国的危亡，批判因循守旧，要求变法维新，提出了"变成法，通下情，慎左右"三条纲领性的主张。1891 年，康有为回到广东，开办万木草堂学馆，聚徒讲学，并为变法运动创造理论。先后写了《新学伪经考》和《孔子改制考》两部著作，这两部书都是在尊孔名义下写成的。前一部书把封建主义者历来认为神圣不可侵犯的某些经典宣布为伪造的文献；后一部书把本来偏予保守的孔子打扮成满怀进取精神，提倡尽可能思想、平等观念的人。康有为的这些看法，虽都不科学，但他的改革精神却在知识界产生了强烈的震动和反响，而对封建顽固守旧分子构成了很大的威胁，因而这两部书被他们视为异端邪说。1894 年，康有为开始编《人类公理》一书，这本书经多次修补，后来定名为《大同书》发表。《大同书》描绘了人世间的种种苦难，提如大同社会将是无私产、无阶级、人人相亲、人人平等的人间乐园。这当然是荒谬的，因为"康有为写了《大同书》，他没有也不可能找到一条到达大同的路。"

在为戊戌变法奠定了理论基础之后，从容不迫，1895 年～1898 年，康有为积极地进行了变法实践。1895 年 4 月，正在北京参加会试的各省举人，听说清政府要与日本订立丧权辱国的《马关条约》，极为愤慨。康有为连夜起草了一份一万四千多字的上皇帝书。各省举人一千三百多人集会，通过了这个万言书。5 月 2 日，这份万言书送交都察院。这就是有名的"公车上书"。在上书中，康有为从爱国的立场出发，强烈主张"拒和、迁都、变法"，建议皇帝"下诏鼓天下之气，迁都定天下之本，练兵强天下之势，变法成天下之治。"在这次会试中，康有为中了进士，被任命为工部主事。以后，康有为又连续给皇帝上了几次书。光绪皇帝对康有为提出的问题，很受感动。在这些上书中，康有为系统地发挥了自己的变法思想，从政治、经济、文化教育几个方面系统地提出了自己的见解。政治方面，康有为提出了变君专制为君主立宪的要求。他指出："东西国之强，皆以立宪法，开国会之故。国会者，君与国民共议一国之政法也"。经济方面，康有为提出了发展工业，振兴商业，保护民族资产阶级利益的主张。文化教育方面，康有为提出开民智、兴学校、废八股的主张。这几个方面构成了康有为变法维新的基本纲领。

为了组织和发展维新派力量，1895 年 8 月，康有为在北京组织了强学会。

强学会成立之后，每三天举行一次例会，相互讨论中国自强之学，批判顽固派的投降卖国。这就惹怒了李鸿章等人，他们下令封闭了这个学会。在这个学会被封闭之前，康有为已感到形势紧张，于同年11月离京南下在上海组织了强学分会，不久也被封闭。1897年11月，德国出兵占胶州湾，引起了全国人民的激烈反对。1898年3月，康有为在北京又组织了保国会。在成立大会上，康有为慷慨陈词，说："二月以来，失地失权之事已二十见，来日方长，何以卒岁？"康有为的话深深地打动了听众的心，保国会员很快发展到数百人。这就引起了顽固派的恐惧和诽谤。有人上书大骂保国会是"名为保国，势必乱国。"有的人还上书弹劾，准备对康等进行查究。只是光绪皇帝说了"会为保国，岂不甚善"才算作罢。不过从此以后，保国会的活动也就很少了。康有为和他的同事们通过组织学会，宣传了爱国主义思想，进一步动员了群众，扩大了变法维新的影响。

改良派还通过发行报刊进行舆论宣传。1898年强学会成立时，康有为就在北京创办《中外纪闻》，开始印一千份，后来加印三千份。当时许多官员都能看到，一时在朝廷内外影响甚大。同年，康有为又在上海组织发行了《强学报》。改良派通过报纸，动员力量，扩大了自己的阵地。

康有为通过一系列的政治实践，在社会上名声很大。光绪皇帝准备召见康有为。但是，由于顽固大臣从中设置障碍未能成功。光绪皇帝下令说，以后康有为如有奏折，即日呈递，不得阻拦。1898年6月11日，光绪皇帝发布"明定国是"诏书，宣布实行新政，"变法自强"。五天以后，光绪皇帝正式接见康有为，并赏给六品衔，在"总理衙门章京上行走"，同时给他以专折奏事的权力。不久，梁启超、谭嗣同也都在政府中任了职。这样康有为和他的同事们总算参与了变法维新的机要。在三个来月的时间里，他们根据皇帝的授意，发布了不少实行新政的诏书。如设立学堂、提倡一定的言论自由、奖励发明仓9造、保护和奖励农工商业、改革财政等。康有为等人以为，只要抓住了皇帝好像就能无事不成，其实，光绪皇帝只不过是个空架子，实权完全掌握在顽固派那拉氏等人手里。正当康有为等踌躇满志的时候，顽固派一个反扑，就把改良派打了下去。光绪皇帝被囚禁，谭嗣同等人被杀，康有为、梁启超逃亡国外。戊戌变法运动，前后不过百天，历史上又称"百日维新"。

康有为领导的变法运动固然有其进步意义，但其失败也带有一定的必然性。因为他们害怕群众甚至敌视群众。他们主张变法，但却反对革命。康有为认为"凡君主专制、立宪、民主三法，必当一一循序行之，若紊其序，则必大乱。"他在《进呈法国革命记序》中，把革命描写得十分残暴吓人；"臣读各国史，至法国革命之际，君民争祸之剧，未尝不掩卷而流涕也。流血遍全国。巴黎百日而伏尸百二十九万变革三次，君主再复，而绵祸八十年。"正是基于这种认识，康有为在戊戌变法以后还死抱住保皇的主张不放，坚决反对革命，最后成了阻碍历史前进的绊脚石。

同时在袁世凯提出祭孔的时候．康有为致电黎元洪、段祺瑞，提出祭孔要行跪拜礼，叫嚣"中国人不拜天，又不拜孔，留此膝何为？"

康有为出生于封建官僚家庭，祖父康赞修是道光年间的举人，父亲康达初做过江西补用知县。康有为自幼学习儒家思想，1879 年开始接触西方文化。1882 年，康有为到北京参加顺天乡试，没有考致。南归时途经上海，购买了大量西方书籍，吸取了西方传来的进化论和政治观点，初步形成了维新变法的思想体系。

1888 年，康有为再一次到北京参加顺天乡试，借机第一次上书光绪帝，请求变法，受阻未上达。1891 年后，他在广州设立万木草堂，收徒讲学，弟子有梁启超、陈千秋等人。

1895 年，他到北京参加会试，得知《马关条约》签订，联合 1300 多名举人，上万言书，即"公车上书"，又未上达。当年 5 月底，他第三次上书，得到了光绪帝的赞许。7 月，他和梁启超创办《中外纪闻》，不久又在北京组织强学会。

1897 年，德国强占胶州，康有为再次上书请求变法。次年 1 月，光绪皇帝下令康有为条陈变法意见，他呈上《应诏统筹全局折》，又进呈所著《日本明治变政考》、《俄罗斯大彼得变政记》二书。4 月，他和梁启超组织保国会，号召救国图强。6 月 16 日，光绪帝在颐和园勤政殿召见康有为，任命他为总理衙门章京，准其专折奏事，筹备变法事宜，史称戊戌变法。后因慈禧太后的干预，维新运动失败，其具体细节目前尚有较大争议。

变法失败后，光绪皇帝被软禁，康有为之弟康广仁被杀，康有为逃往日本，自称持有皇帝的衣带诏，组织保皇会，鼓吹开明专制，反对革命。为获得国际支持。他曾游历列国，会见欧洲各国君主。

变法失败后，康有为于 1913 年回国，主编"不忍"杂志，宣扬尊孔复辟。作为保皇党领袖，他反对共和制，一直谋划清废帝溥仪复位。1917 年，康有为和效忠前清的北洋军阀张勋发动复辟，拥戴溥仪登基，不久即在当时北洋政府总理段祺瑞的讨伐下宣告失败。

康有为晚年始终宣称忠于清朝，溥仪被冯玉祥逐出紫禁城后，他曾亲往天津，到溥仪居住的张园觐见探望。1927 年，康有为病死于青岛。

观点与思想

康有为是 19 世纪末向西方寻求真理的著名代表人物，1898 年戊戌变法运动的领导者。康有为主张变法使中国走上资本主义的道路。他认为赋税政策方面的改革主要是"蠲厘金之害以慰民心，减出口之税以扩商务"。他猛烈抨击了厘金税，认为它既不利商，又不利农，也不剥于国，必须予以裁撤。他说"内地害商之政，莫甚于厘金一事，天下商人久困苦之"；指出厘金"内之务农工之源，外之损富商之实。既以筹款计，亦徒中饱吏役，而国不受其大益"。他主张通过征收印花税等开辟财源，同时举办银行、邮政等国有事业。用以代替厘金税。康有为认为商兴才能国富，统治者必须保商，而保商的关键在予轻税。指出"我国向者误于抑末之说……乃惟重租税以困辱之。至于吾商出口之税，重于外商人口之税，此与各国保商之道相反，商务安得不困？"康有为的轻税思想在后期发展为无税论，在《大同书》里他主张公中更未尝向一人而收赋税，扫万国亘古重征厚敛之苦。这种观点实际上是超越现实的空想。

地位与影响

康有为是清末民初最有影响的思想家，在 19 世纪的最后几年，他领导了中国知识界的启蒙运动。先是 1895 年的"公车上书"，其后，他以进书和进谏的方式掀起了一场自上而下的政治体制改革。在康有为之前，从来没有一个思想家敢于像康有为那样把他们改革中国政治体制的建议和设想反复向皇帝提出。在我国历史上，他首次倡导了政治体制上的中西结合，最早在中国提出了立宪政体，并提出了具体的宪政方案：兴民权、设议会、进行选举和地方自治，在坚持儒家传统和帝制的前提下，逐步学习西方的立宪经验。康

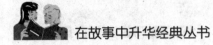

有为的立宪思想有很多保守的成分，但作为我们民族思想文化成果的组成部分，仍然应当重视。

康有为是中国第一批探索宪政的人，他的立宪思想可以从以下三个方面进行考察。

1. 依宪治国观念的引入。到戊戌变法以前，中国的封建制度存续长达4000年，不可谓没有法，也不可谓没有以法治国，但是法自君出，权尊于法；法律作为一种统治工具，拘束臣民而不拘束君主；引礼入法，以家族为本位而维护封建等级制。当西方的资产阶级民主共和国相继建立，自由、平等、博爱等人权概念在19世纪末传入中国之时，中国仍然是一个皇帝口含天宪，君权至上的社会。康有为第一次提出了包含限制君权意义的法律概念，即宪法。他认为国家的政体可以分为专制、立宪和共和三种。在专制政体下，人君与大臣数人共治其国，而立宪政体则是人君与千百万国民和为一体。因此，宪法就是维新之路。早期出国留学或出使海外的中国人，也曾经提出应当改革内政、学习西方的政治体制，但往往是简单的制度引介，没有意识到宪法限制君权、对抗封建专制的作用。自康有为提倡君主立宪以来，直至清末立宪，虽然历经共和制、帝制以及民主、专制政体之反复，历任政府无不以立宪为立国之开端，无不以宪法记载一国政治的基本原则，这未尝不应归功于第一代倡导依宪治国者。

2. 反对专制政体，主张君主立宪。在康有为时代以前，中国只有朝代更替，从无政体之变。自康有为始，君主专制作为一种政体受到挑战。康有为反对君主专制政体，主张君主立宪。他认为君主权威无限"大背几何公理"，主张"立一议院以行政，并民主亦不立。"又说，"君臣一伦，亦全从人立之法而出，有人立之法，然后有君臣。今此法权归于众，所谓以平等之意用人立之法者也，最有益于人道矣。"由此，康有为在中国明确提出了作为资产阶级民主立宪理论基础的身份平等观。

康有为对立宪模式的选择在戊戌变法前后有所变化。戊戌变法以前，他提倡集权制的君主立宪，类似于日本和德国。但是戊戌变法之后，他提倡虚位君主，类似于英国。戊戌变法时期，他认为变法应"以俄国大彼得之心为心法，以日本明治之政为政法"。前者意在强调其自上而下的改革方式；后者则指日本明治维新后所确立的君主立宪制。直到1906年《法国创兴沿革》

中，康有为还分析说，（法国与日尔曼）两国之创同时，而强弱异形于后，这主要是看君权是否能够集中而决定的。

辛亥革命以后，康有为虽然主张君主立宪，但是所谓虚位君主，是名皇帝，实非皇帝，君主的权限由宪法规定"宪法全由资政院起草决议，则金由民权共和至明，并且宪法是一国最上法、最高权。"在这一设计当中，专制政体下皇帝的立法权、行政权、人事权和军权都已有名无实，与戊戌变法时期康有为所提倡的君主立宪相比，发生了质的变化。虽然他反对革命派的共和政体，称民主共和制不适合中国国情，但是需要指出的是，民主共和与虚君共和同样是近现代资产阶级民主共和国的表现形式。从宪政发展史的角度看，近代意义上的宪法和宪政肇始于英国，其主要特征就是确立了英国式的君主立宪制，这种君主立宪制对于封建专制而言无疑是一次历史性的超越，直到今天，其历史意义是不应也无法否认的。因此，忽视历史的进程和时代特征而断言康有为辛亥革命后立宪思想的反时代性恰恰本身就忽视了其所处的时代特征，是一种以今人之观念强求于历史人物的评价。

3. 提倡权力制衡的政权组织形式。合议与分权是在传统方面或理性方面对于集权统治进行限制的特别手段。它们共同促成了现代行政管理和立宪政治。作为世界宪政史最为恢宏的一幕的法国大革命，就曾经明确提出：凡分权未确立、权利无保障的国家就没有宪法。康有为很早就从理论上肯定了三权分立、权力制衡理论的合理性。在戊戌变法之前所撰写的《实理公法全书》（1888 年前）当中，康有为从几何原理出发，认为以互相逆制立法，凡地球古今之人，无一人不在互相逆制之内。他认为：以一顺一逆立法，凡使地球古今之人，有彼能逆制人，而人不能逆制彼者。则必有擅权势而作威福者，居于其下，为其所逆制之人必苦矣。在代御史宋伯鲁草拟的《变法先后有序，乞速奋乾断以救艰危折》中，他又具体指出了三权分立的主要内容："泰谣论政，有三权鼎立之义。三权者，有议政之官，有行政之官，有司法之官也。夫国之政体，犹人之身体也。议政者譬若心思，行政者譬为手足，司法者譬如耳目，各守其官，而后体立事成。"同时，他反对机构设置重叠，认为中国之弊在治地太大，小宫太疏也。

宪法中分权与制衡原则包括两个层次。一是最高统治权按类别和职权分为立法、行政、司法，分别由独立的机关负责，同时它们之间又存在制约与平衡的关系；分权的第二个方面是国家结构形式上中央与地方的分权与制衡。从康有为后来的变法实践和政论看，他对三权分立专门的论述不多。但是，他倡导议会政治，实际上是分君主之集权；提倡地方自治，则是主张地方分中央之集权。

4. 民权思想与政治观。在康有为之前，中国虽然有民本思想，但是却没有民权思想。康有为吸收了西方自由主义的民主观，强调公民自治。

在《万身公法书籍目录提要及实理公法全书》中，康有为较为系统地提出了自己的民权观。他认为，人生来平等，同时又充满差异性，这些充满差异性的人是独立的，有自主权，应"以平等之意，用人立之法，对此进行规范。"他不但主张长幼平等、朋友平等（治，事门、论人公法），甚至认为君民之间也是平等的。在该书的君臣门实理（引说一条）中，他论述道民之立君者，以为己之保卫者也。盖又如两人有相交之事，而另觅一人以作中保也。故凡民皆臣，而一命之士以上，皆可统称为君。把君主比作契约关系中的见证人，而不是以往以君主为一切社会关系的合法性来源，这在当时是一大思想进步。

以公民自治理论为基础，康有为主张实行地方自治。他认为"中国地方之大病在于官代民治，而不昕民自治"，"立法之意但以为国，非以为民，但求不乱，非以求治……（因此）有大官而无小官，有国官而无乡官，有国政而无民政，有代治而无自治"。康有为所主张的地方自治，类似于古者之封建也，但古者，乱世封建其一人，则有世及自私争战之患，此所以不可行也。今者升平封建其众人，听民自治，听众公议，人人自谋其公益，则地利大辟，人工大进……。他还提出了具体的参照系，即"因乡邑之旧俗而采英德法日之制"，以"万人以上地十里者为一局，或名曰邑……"等具体设计。在当时，地方自治的提出是与中国传统的大一统国家结构形式相对立的。地方自治有利于调动地方的积极性、减轻中央负担，并且在促进地方政治清明的同时形成对中央行政的牵制力量。不但如此，地方自治的基础是民治，这与中国历代的割据式自治或绅权和族权维持下的地方自治具有质的区别。从中国的法律和行政管理的传统看，维持国家秩序的规范当中不乏治官之法和地方规范，然而其出发点乃是治民而非民治。以民治为目标的地方自治始自康有为为代表的戊戌变法派的启蒙。

需要指出的是，康有为虽然提倡地方自治，却始终反对联省自治，维护单一制的国家结构形式。1920年，军阀混战，各地方纷纷独立，有人以美国、德国实行联邦制而富强，提出联省自治的理论。对此，康有为十分清醒地认识到，美国、德国之所以实行联邦制在于其建国之前，本为久远分立之邦，实行联邦制恰恰是为了统一。而中国自汉以后2000年，皆以统一立国，采联省自治，实则分邦裂土，非自治而冒名自治，实则军阀专制、只有割据之军治，而民治无自而生，故军阀未除，自治二字不必假用。康有为的这一论点的正确性后来为中国历史的发展所证实。

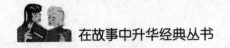

蔡元培

生平简介

蔡元培（1868～1940），浙江绍兴人，原籍浙江诸暨，民主主义革命家和教育家。蔡元培数度赴德国和法国留学、考察，研究哲学、文学、美学、心理学和文化史，为他致力于改革封建教育奠定思想理论基础。曾任教育总长、北京大学校长、人学院院长、中央研究院院长等职。他为发展中国新文化教育事业，建立中国资产阶级民主制度做出了重大贡献，堪称学界泰斗、人世楷模。他提出了五育（军国民教育、实利主义教育、公民道德教育、世界观教育、美感教育）并举的教育方针和尚自然、展个性的儿童教育主张。他试图通过贫儿院的试验和推广，逐步以学前儿童公共教育替代当时的家庭教育，最终实现学前儿童公育的理想。他是我国近现代美育的倡导者，主张从家庭教育、学校教育、社会教育三方面实施美育，设想通过胎教院、育婴院、幼稚园三级机构实施学前儿童美育：把胎教作为美育的起点；让婴儿及其母亲生活在由自然美和艺术美构成的环境之中；认为幼稚园的美育一方面通过舞蹈、唱歌、手工等"美育的专题"进行，另一方面则要充分利用其他课内涵的美育因素，如计算、说话，也要从排列上、音调上迎合它们的美感，不可枯燥的算法与语法。教育论著有《蔡元培教育文选》、《蔡元培教育论著选》等。

少年时曾在绍兴古越藏书楼校书，得以博览群书。光绪十五年（1889）举人，十六年会试贡士，未殿试。十八年补殿试，为进士，授翰林院庶吉士，二十年补翰林院编修。甲午战争后，开始接触西学，同情维新。

二十四年九月返绍兴，任绍兴中西学堂监督，提倡新学。二十七年七月奔赴上海，出任南洋公学教习。二十八年与蒋观云等组织中国教育会，任事务长。夏，游历日本，同年秋回国，在上海创设爱国女校及爱国学社，任总理。并以《晨报》为阵地，提倡民权，宣传排满革命。三十年冬与陶成章、龚宝铨等在上海建立光复会，被推为会长，次年加入同盟会。三十年赴德意志帝国留学。

民国元年（1912）任南京临时政府教育总长，主张采用西方教育制度，废止祀孔读经，实行男女同校等改革措施，确立起我国资产阶级民主教育体制。二次革命失败后，携眷赴法，与李石曾等创办留法勤工俭学会。

五年冬回国任北京大学校长，支持薪文化运动，提倡学术研究，主张思想自由，兼容并包，实行教授治校。五四运动中支持学生爱国行动，多方营救被捕学生。被迫辞职后，多次赴欧洲英、法等国考察教育和讲学。民国十六年后担任国民政府常务委员、大学院院长、中央研究院院长等职。

"九·一八"事变后，主张抗日，拥护国共合作。民国二十一年（1932）与宋庆龄、鲁迅等发起组织中国民权保障同盟，积极开展抗日爱国运动。曾电救杨开慧烈士，援救许德珩等爱国民主人士，营救丁玲、朱宣权等共产党员。二十九年3月5日在香港病逝。葬香港仔山巅华人公墓。

教育部在北大诔词中有"当中西文化交接之际，先生应运而生，集中西文化于一身；其量足以容之！其德足以化之！其学足以当之！其才足以择之！呜呼！此先生所以成一代大师欤？"周恩来送挽联："从排满到抗日战争，先生之志在民族革命；从五四到人权同盟，先生之行在民主自由。"毛泽东特发唁电："学界泰斗，人世楷模"。

蔡元培培植家乡青年不遗余力，先后主办过绍郡中西学堂、绍兴府学堂、越郡公学、明道女校，曾任稽山中学名誉校董。绍兴城区笔飞秀有蔡元培故居，今建为纪念馆，列为浙江省重点文物保护单位。并新建元培小学、元培中学以示纪念。遗著辑有《蔡元培全集》。《中国近现代人名大辞典》有录。（中共绍兴县委宣传部供稿）

蔡元培是20世纪初中国资本主义教育制度的创者。他明确提出废止忠君、尊孔、尚公、尚武、尚实的封建教育宗旨。倡导以军国民教育、实利主义教育为急务，以道德教育为中心，以世界观教育为终极目的，以美育为桥梁的资产阶级民主主义的教育方针，初步建立了资产阶级的新教育体制。

蔡元培的教育实践多在高等教育方面。他任北京大学校长时，提出大学的性质在于研究高深学问。他提倡学术自由，科学民主。主张学与术分校，文与理通科。将学年制改为学分制，实行选科制，积极改进教学方法，精简课程，力主自学，校内实行学生自治，教授治校。他的这些主张和措施，在北京大学推行之后，影响全国，以至有人称他为自由主义教育家。

蔡元培也很重视劳动教育、平民教育和女子教育。他在北京大学办校役班和平民夜校，在上海创办爱国女校。蔡元培对近现代中国教育、中国革命作出了不可磨灭的贡献，主要是：

1. 自蔡元培始，中国才形成了较完整的资产阶级教育思想体系和教育制度。

2. 他的思想自由，兼容并包的主张，使北大成为新文化运动的发祥地，为新民主主义革命的发生创造了条件。

3. 为中华民族保护了一批思想先进、才华出众的学者。

观点与思想

一、五育并举的思想

蔡元培是第一位提出军国民教育、实利主义教育、公民道德教育、界观教育、美感教育皆近日之教育所不可偏废的教育思想家，主张五育并举，这是蔡元培教育思想的一个显著特点。

1. 提出背景

辛亥革命胜利不久，南京临时政府刚刚成立。当时，中国的教育正处于一个重要的历史转折关头，随着辛亥革命的胜利，在中国实行了几千年的封建统治被推翻了，开始了教育领域中封建教育的改革，然而，改革刚刚起步，只是颁布了一些具体的暂行规定，还缺乏明确的教育指导思想，缺乏新的教育宗旨。要使资产阶级对封建教育的改革能够深入、健康地开展，迫切需要在统一的教育思想指导下，尽快地确定一个反映资产阶级要求的教育宗旨，来规定资产阶级对于人才培养的目标和要求，只是在这样的形势下，1912年2月间蔡元培发表了著名的教育论文《对于新教育之意见》比较系统地提出了五育并举的思想。

2. 军国民教育

清末由国外传出，蔡元培认为，他并不是一种理想社会的教育，然而在中国，却是今日所不能不采者，主要原因：（1）从国外环境看来，我国处于邻强交逼，亟图自卫。而历年丧失之国权，非凭借武力，势难恢复。（2）就国内情况而言，要打破军人成为全国中特别之阶级的局面，就非行举国皆兵之制，否则无以平均其势力。可见，蔡元培主张军国民教育，是为了对外实行自卫，对内反对军人的强权统治，这在当时是进步的。

3. 实利主义教育

实利主义教育被蔡元培认为是富国的手段，他认为世界的竞争不仅仅是在武力，尤其是在财力。因此加强科学技术教育，提高生产力，发展国民经济，国家富强才能够在世界竞争中生存下来。

4. 公民道德教育

蔡元培认为军国民教育，实利主义教育固然重要，但是仅有军国民教育和实利主义教育还不够，必须教之以公民道德。何谓公民道德？曰法兰西之革命也，所标榜者，曰自由、平等、博爱。道德之要旨，尽于是矣。由此可见，蔡元培所提倡的是西方资产阶级的道德观念，主张用自由、平等、博爱的资产阶级道德，作为进行道德教育的内容。蔡元培在提倡西方资产阶级道德观念时，并没有全盘否定中国传统的道德思想，他把西方近代资产阶级自由、平等、博爱的道德观念，分别比做中国古代儒家所提倡的义、恕、仁。毋庸讳言，这种比附是牵强的，然而，他这样做，又是有其深刻用意的。他主张广泛吸收国外文化，同时，他又强调，吸收国外文化时必择其可以消化者而吸收之，并且必须以我食而化之，而毋为彼此所同化，他批评有些志行薄弱者，一到国外留学，即"弃捐其我"而同化于外人。

5. 世界观的教育

世界观的教育为蔡元培在中国近代教育史上所首创的，受到康德哲学的影响，它认为世界分为现象世界和实体世界两部分，进行世界观教育就在于培养人对现象世界持超然态度，对实体世界则抱积极进取态度，蔡元培的世界观教育，是建立在把世界划分为现象世界和实体世界这个唯心主义世界观的基础下，然而，他要求人们遵循思想自由，言论自由的原则，不要被束缚于某一学说的思想，在当时具有打破几千年思想专制统治的解放作用。

6. 美育教育

蔡元培是我国近代史上提倡美育的唯一的中坚人物。他认为美育教育是进行世界观教育最重要的途径，使人们从现象世界通向实体世界所必经的桥梁。美育教育的重要性源于其特点，从他看来，人从现象世界通向实体世界存在的障碍不外两种意识，一是人我之差别、二是幸福之营求。有人我，则予现象中有种种之界画，而与实体违。有营求则当其未遂，为无己之痛苦。及其既隧，为过量之要索，循于现象之中，而与实体隔。因此，仕人我之见，泯营求之念便是从现象世界走向实体世界的关键，而美感教育的特性恰恰就在于此，他说在现象世界，人人都有爱恶、惊惧、喜怒、悲乐之情，不过这种情感随着人的离合、生死、祸福，利害等现象而改变，但美感教育，使人自美感以外，一无杂念，人进入这种境界则"已接触于实体世界观念矣"，后来在《以美育代替宗教说》一文中，他把美感教育这种特性说得更加明确：纯粹之美育，所以陶养吾人之感情，使有高尚纯洁之习惯，而使人之我见，利己损人之私念，以渐消沮者也。正因为美育具有陶冶人的感情，使人的道德品质高尚纯洁。因此蔡元培认为：故教育家欲由现象世界而引以到达于实体世界之观念，不可不用美感之教育，蔡元培的美感教育思想的哲学基础是唯心主义的，受到康德美学思想的影响较深，他反复宣传美感的普遍性和超越性，也显然是超阶级的、超现实的，过分夸大了美感教育的作用，主张在教育人对美感教育"应特别注重"，这些都是正确的。以上的五种教育，蔡元培认为尽管各自的作用不同，然而均是养成共和国民健全之人格所必需的，是统一的整体所缺一不可的，同时他又指出，这五种教育并不是平分秋色，没有重点的，而必须以公民道德教育为根本，五者以公民道德为中坚，盖世界观及美育皆所以完成道德，而军国民教育及实利主义，则必以道德为根本。蔡元培五育并举的思想，是以公民道德教育为中心的，德智体美诸者和谐发展的思想，这在中国近代教育史上是首创的。但是，他也有它的局限性，首先，把世界分为现象世界和实体世界两部分，又把教育分为隶属于政治与超轶于政治两类，认为军国民教育、公民道德教育、实利主义教育隶属于政治，而其他的超轶于政治，这种划分不科学。其次，认为教育的最终目的并不是为了现世的幸福，而是为了达到那个不可名言，如果不得不强为之名则或谓之道，或谓之太极，或谓之黑暗之意识，或谓之无识之意志的实体世界。此外，他在阐述公民道德教育。世界观教育、美感教育等问题时，也存在超阶级、超现实、牵强附会等弊病。

二、大学教育思想

在蔡元培整个教育体系中，大学教育思想占有非常突出的地位，这同他重视高等教育密切相关，他认为要发展中国的教育事业，办好高等教育是关键。因此，他说自己的兴趣偏于高等教育，在高等教育方面多参加点意见，因此，他又较长时间主持北京大学，有丰富的大学教育实践经验。因而形成了颇有创建的比较系统的大学教育思想。

1. 关于大学性质的探讨

蔡元培认为大学应当成为研究高深学问的学府，这是蔡元培办学的指导思想，也是他大学教育思想的出发点。早在1912年5月16日，他以教育总长身份出席北京大学开学典礼，在演说中就提出大学为研究高尚学问之地。在担任北京大学校长后，他更是反复申述这一思想。1917年1月9日，他在就任校长的演说中，明确的向学生说明：诸君来此求学，必有一宗旨，欲求宗旨之正大与否，必先知大学之性质。今人肄业专门学校，学成任事，此固势所必然。而在大学则不然，大学者，研究高深学问者也。蔡元培如此强调大学性质在于研究高深学问，在当时是为了扭转学生上大学为做官的陈腐观念。当时学生入学仍抱科举时代思想，以大学为取得官吏资格之机关，而对于学问则没有什么兴趣。蔡元培指出，这是北大著名腐败的总因。因此，他认为要改革旧北大，第一要改革的，是学生的观念。由于大学的性质在于研究高深的学问，他还提出，大学不能只是从事教学，还必须开展科学研究。他要求大学教员不是灌输固定知识，而是对学问有浓厚的研究兴趣，并能引起学生的研究兴趣；大学生也不是死记硬背教员的讲义，而是在教员的指导下自动的研究学问。为了使大学能承担起教学，科研双重任务，他极力主张凡大学必有各种科学的研究所。他在《论大学应设各科研究所之理由》的文章，详列了三点理由：一是大学无研究院，则教员易陷入抄发讲义不求进步之陋习。二是设立研究所，为大学毕业生深造创造条件。三是使大学高年级学生得以在导师指导下，有从事科学研究的机会。

2. 办学原则——思想自由，兼容并包

蔡元培从大学应该是研究高深学问的学府这一思想出发，提出了这一办学原则。他认为大学应该广泛吸收各种人才，容纳不同学派。如果抱残守缺，持一孔之论，守一家之言，是不可能成为真正高水平的大学。思想自由、兼容并包的办学原则主要体现在对待学说和教员两方面，由于学说必须由人提倡、宣传和发展，教员又以研究，传授学问为己任，所以思想自由、兼容并包的办学原则，在实际中更多的是体现在对待教员方面。蔡元培聘请教员，最重要的是有无专门学问。只要有真才实学，有研究学问的兴趣和能力，就聘为教员。反之，如若学术水平低，则不管什么人，坚持辞退。而对于教员的政治见解，学术派别，只要不妨碍授课，则不作为取舍标准。当然，蔡元培提倡思想自由，兼容并包，并不是主张对新旧思想采取不偏不倚的态度，恰恰相反，其本意在于打破封建文化专制主义的束缚，发展资产阶级新文化。

3. 学科设置——从偏重文理到沟通文理，废科设系

关于大学学科设置，蔡元培的思想，有一个变化发展过程，最初，他从大学为研究学理的机关这一思想出发，主张要偏重文理两科。蔡元培担任北大校长后，又进一步主张"学术分校"，理由有两条：第一、文理两科，专署学里，其他各科偏重，予致用；第二、文理两科，设有研究所，实验室等设备，如若遍设其他各科，就要增设病院，工场等，困难更大。主张学术分校，大学专设文理两科，显然是对民国元年"大学以文理两科为主"见解的发展，目的是为了突出大学的性质在于研究学理，在蔡元培看来，学与术可分为两个名词，学为学理，术为应用。文、理是学，法、商、医、工、农皆为应用，为术。学与术虽然关系密切，但学为基本，术为枝干。更可贵的是，蔡元培在看到了文、理分科所造成的流弊之后，进一步主张沟通文理。他说文理是

不能分科的，文科的史学、文学均与科学有关，而哲学全以自然科学为基础。同样，理科各学科都与哲学有关，自然哲学，尤为自然科学的归纳。而且，由于学科之间的彼此交错，有些学科简直无法以文、理科来区分。因此，他主张沟通文理，和为一科。1919 年，北大进行改革，撤销文、理、法三科界限。全校设立 14 个系，废学长，设系主任。

4. 教学制度——选科制

与沟通文理思想相连系，在教学制度上，蔡元培主张采用选科制，他认为这种制度使学生于专精之余，能够旁设种种有关系的学科，有利于打破学生专己守残之偏见，扩大知识面。有利于学生个性的自由发展。对于实行选科制，蔡元培认为必须加强指导，为防止学生纯粹从兴趣出发，忽视对基本理论，基本知识的学习，他强调学生所选的学科必须经教员审定，学生只有相对的选择，无绝对的选择，除必修课以外的学科，才有选择权。同时，他还指出，选科制只能行之于高等以上学校，普通教育只可采用选科精神，而不能行选科制。

5. 行政管理——教授治校

实行教授治校，这是蔡元培关于大学行政管理的基本思想。他主张教授治校，是为了建立民主的管理体制，防止校长主观专断，任意办事，这是他民主思想的反映。更主要的是为了依靠真正懂得教育和学术的专家来管理学校。由此可见，民主精神和依靠专家，这是蔡元培教授治校主张的两根支柱，教授是学校教学与科研的主力，他们既懂得教育又有学问，蔡元培依靠他们来管理学校，这不仅彻底扭转了旧北大一切校务由校长等少数几个人决定的状况，而且大大调动了教授们的积极性和创造性，出现了民主办校的生动局面。综上所述，蔡元培大学教育思想的基本特征是民主和科学，目的是要把大学办成高水平的教学科研中心，他不仅为中国近现代资产阶级大学教育理论的形成打下了坚实的基础，而且，其中许多真知灼见，如重视大学开展科学研究工作，提倡思想自由，兼容并包，注重发展学生个性，主张沟通文理，以及依靠既懂得教育，又有学问的专家实行民主治校等等，至今对于我们办好社会主义大学，仍有一定意义。

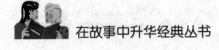

地位与影响

蔡元培一生的贡献是多方面的，而在文化教育上尤为巨大。他作为中国近代最著名的民主教育家，是我国近代教育改革的杰出的先驱者。他委身教育事业后，即明确要为革新政治而培养人才。民国建立后，他担任南京临时政府第一任教育总长和北京政府的教育总长，虽然时间很短，但开始了施展他的改革中国教育的抱负，在他的倡议和努力下，初步建立了我国新式的、与共和政治相适应的教育体制。他的教育实践和教育思想，涉及基础教育、大学教育、社会教育、职业教育、女子教育、儿童教育等各个领域。

首先，他是中国近代教育制度和教育体系的奠基者。

蔡元培决裂仕途、委身教育，是以深重的民族危机和戊戌变法失败为契机的。这种反对封建专制主义、寻求国家出路的思想，使他很快走上了民主革命的道路，并把教育事业同培养革命人才联结起来。这时的中国正处在一个历史大变动时期，蔡元培通过学习西方，了解世界，更加痛切地认识到教育和科学的重要作用。他认为：我国科学智识之落后，绝非国人智慧之后人；且欲救中国于萎靡不振中，唯有力倡科学化。故极期望时彦俊士，能急当务之急，一改空谈之旧习，致力于实际之探讨，庶国家前途有望焉。欲兴科学，必先教育。这是他一生重视教育的深刻动因。他热切期望通过发达的教育，培养人才，以造成完全人格，使国家隆盛而不衰亡，真所谓爱国矣。他在初期的教育实践中，就进行了新教育的探索；辛亥革命后，他出任民国教育总长，虽然时间不长，但他以务实的精神，旗帜鲜明地废止封建主义的教育宗旨，推行军国民教育、实利主义教育、公民道德教育、世界观教育和美感教育五育并重的新教育方针，组织制定了确立近代教育制度和教育体系的一系列法令、法规。其主要内容为：

一是除旧布新，改革学制。这时南北尚未统一，国内战事未平，前清封建流毒远未肃清，加以各省都督府政令不一，教育领域存在诸多混乱现象。有鉴于此，蔡元培于教育部正式办公当天，即以教育部名义颁布《普通教育暂行办法》和《普通教育暂行课程标准》两个重要法令，对全国普通教育的学制和课程设置，按照新的教育方针要求进行全面整顿。

二是反对尊孔，废止经科。反对尊孔读经，是蔡元培教育思想中的一个重要内容，也是他倡导五育并举教育方针的题中之意。他认为尊孔与信仰自由相违背，反对把儒家定为一尊和对孔子顶礼膜拜。他在全国临时教育会议上明确提出学校不应拜孔子案，并委托教育部参事作说明。提案列举学校不应拜孔的理由：前清学堂管理通则有拜孔子仪式，施行以来，窒息殊多。孔子并非宗教家，尊之自有其道，今乃以宗教仪式崇奉于学校之中，名为尊孔，实不合理。此学校不应拜孔子之理由一。教育与宗教各有目的，不宜强合为一。今以似是而非之宗教仪式行于学校，既悖尊孔之义，尤乖教育目的。此学校不应拜孔之理由二。宪法公例，信教自由为三大自由之一。今以学校拜孔之故，致令他教之子弟，因信仰不同，不肯入学，既背宪法公例，尤予教育普及大生障碍，此学校不应拜孔之理由三。有此三理由，教学校之中，宜将此项礼仪删去。与会代表十分重视这项提案，讨论热烈，但虑及此项改革关系重大，涉及已延续两千多年之习惯，恐明令废止徒生无谓之风潮，于是达成一个折中办法。即只在学校管理规程内删去拜孔子的条文，这样，则旧日仪式自可消灭于无形。

由于蔡元培颁布的教育法令，明确规定了各种教科书必须符合共和国家的宗旨，因而废除了小学读经科的旧规。同时，在清季大学堂中，仿各国神学科例，也于文科之外设立经科。蔡元培认为古代十四经中，《易》、《论语》、《孟子》等已入哲学系；《诗》、《尔雅》已入中文系；《尚书》、《三礼》、《大戴记》、《春秋三传》已入史学系，无再设经科的必要。这样就在大学取消了经科。

三是倡导男女平等，小学实行男女同校。提倡和重视女子教育，是蔡元培教育思想的又一个重要内容。他一向反对男尊女卑、女子无才便是德等封建礼教信条对女性的摧残和压迫，认为要提离妇女的社会地位，发挥女子在家庭和社会中的作用，就要使男女有同样受教育的权利。他说："求国富强，人人宜受教育。既欲令人人受教育，自当以女学为最重要之事。"他主张无论中外，男女都要受教育，并且所受的教育都要一样的。他出任教育总长后，对推广女子教育，采取两方面的举措：一方面，支持创办各种新式女校，如女子中学、女子师范和女子职业学校；另一方面，规定在小学实行男女同校。当时男女同校虽然还仅限于小学，但毕竟打破了长期以来所谓男女授受不亲的封建禁令，开创了近代中国男女同校的先河。

四是对大学教育进行了初步整顿。在蔡元培的教育思想中，大学教育占有重要的位置。他在《我在教育界的经验》一文中曾回忆说："我与次长范静生君常持相对的循环论，范君说："小学没有办好，怎么能有好中学？中学没有办好，怎么能有好大学！所以我们第一步，当先把小学整顿。"我说："没有好大学，中学师资哪里来？没有好中学，小学师资哪里来？所以我们第一步。当先把大学整顿。"把两人的意见合起来，就是自小学至大学，没有一方面不整顿。不过他的兴趣，偏于普通教育，就在普通教育上多参加一点意见。我的兴趣，偏于高等教育，就在高等教育上多参加一点意见罢了。"这时他对大学学科进行了调整，取消了经科，同时鉴于大学数量不足，规定于北京外，在南京、汉口、成都、广州各设大学一所。他还鉴于各省所办的高等学堂程度不齐，毕业生升入大学甚感困难，故决定将其改为大学预科，附属于大学，以期提高质量。

五是倡导社会教育。为了向社会普及教育，提高全民族的文化素质，蔡元培还极为重视社会教育。在教育部机构设置上，除设有普通教育、专门教育两司外，为提倡成人教育、补习教育起见，主张增设社会教育司。为此，蔡元培邀请鲁迅到社会教育司任职，任佥事兼社会教育司第一科科长，主管科学、博物院、图书馆、美术馆、音乐会、演艺会等与社会教育有直接关联的各项文化事业。社会教育司为此做了许多工作。教育部创设不久，即通电各省都督，促其推行社会教育，电文称：社会教育，亦为今日急务，人手之方，宜先注重宣讲。即请贵府就本省情形，暂定临时宣讲标准，选辑资料，通令各州县实行宣讲，或兼备有益之活动影画，以为辅佐。并由各地热心宣讲员，集会研究宣讲法，以期易收成效……至宣讲标准，大致应专注此次革新之事实，共和国民之权利、义务及尚武、实业诸端，而尤注重于公民之道德。当此改革之初，人心奋发，感受易。即希贵府速予查照施行。根据当时历史条件，以宣讲作为社会教育的切入口，对宣讲内容的提示具体而切合巩固共和政治的需要。这反映了蔡元培对社会教育的重视和见解深刻。

蔡元培在民国初年进行的教育改革，奠立了我国近代教育制度，是有历史功绩的。他提出的教育方针和各种改革措施，是他教育思想的重要体现，是值得我们研究的。

其次，为确立近代意义上的大学作出了重要贡献。

蔡元培一生重视教育，尤其重视大学教育。20世纪初期他在北京大学的革新，是近代中国教育史上具有划时代意义的一大事件。从1917年到1923年初蔡元培实际在校任职的期间（其中于1920年12月至1921年9月赴欧美各国考察十个月），是北大历史发展上的一个非常重要阶段。在这期间，北大完成了有重大意义的改革，成为五四时期新文化运动的中心，成为我国传播马克思主义的重要阵地，成为近代中国文化教育的重镇，为我国革命事业和学术文化的发展作出了一定的贡献。在这段时间里，由于蔡元培对教育事业的热忱，革新的勇气和成就，以及对五四时期新文化运动的重要贡献，使他的名字和北京大学紧密地联系在一起，留下了深远的影响。

再次，他关于教育的许多论著，涉及面广，有思想深度，在很大程度上反映了发展教育的客观规律，是留给后世的宝贵的教育思想财富。应当指出，蔡元培作为近代中国一位杰出的教育家，他的教育思想是源于他的丰富的教育实践，在很大程度上反映了发展新式教育的客观规律，对于我们今天仍然有着重要的借鉴和启迪的意义。比如，他把具有健全的人格作为人才培养的目标，主张以德育为中坚的德、智、体、美四育并重的教育思想；主张第一要改革的是学生的观念，培育学生具有服务社会、造福人群的世界观；主张尚自然、展个性的教育思想，重在培养学生独立思考和创造的能力；主张要敢于吸收世界先进文化，又要勿忘我性，重在消化和创新；倡导教育的平民主义取向，主张人人都有学习的权力和机会；主张要从国家实际出发，大力发展职业教育，职业教育的内容要从小学开始，分流培养，重在培养学生技能知识和动手能力；提出小学生读经是有害的，中学生读整部的经也是有害的；大力倡导美感教育，提出以美育代宗教的进步主张；构建以学术为导向的第二课堂教育思想；等等。这些教育思想不但在蔡元培的教育实践中发挥了重要的进步作用，而且在今天新的历史条件下仍然有重要的借鉴价值，是值得我们珍惜的一份宝贵的教育思想遗产。诚然，对待历史人物及其思想和事业，重要的是要取历史分析的态度。对待蔡元培的教育思想，同样也要取历史分析的态度。拿他在北大革新时提出的著名的兼容并包办学思想来说，这在当时确是一个具有指导作用的办学方针，同时也是他的大学教育思想的一个重要体现。在当时历史条件下，这一方针在扶植新文化新思想方面所起的进步作用，是显而易见的；同时，就发展新教育和繁荣学术所需要的环境和条件来说，它又确是适应了发展文化教育的客观要求，有利于人才培养和学术进步，因而在一定意义上是符合文化教育发展客观规律要求的。对于蔡元培兼容并包的办学思想，不仅要肯定它在历史上所起的进步作用，而且还要研究在它特定的内涵中所蕴含的对发展文化教育具有普遍意义的东西，在这一方面，对我们则更有其借鉴的作用，反映了思想的继承性。

蔡元培是中国近代教育史上一位里程碑式的杰出人物，在近代教育史和教育思想史上有着崇高的地位。

鲁 迅

生平和创作

鲁迅于 1881 年出生在浙江绍兴一个官僚地主的家庭里，但在他 13 岁那年，他的原来在京城做官的祖父因故入狱，此后他的父亲又长期患病，终至死亡，家境败落下来。家庭的变故对少年鲁迅产生了深刻的影响。他是家庭的长子，上有孤弱的母亲，下有幼弱的弟妹，他不得不同母亲一起承担起生活的重担。天真活泼的童年生活结束了，他过早地体验到了人生的艰难和世情的冷暖。他经常拿着医生为父亲开的药方到药店去取药，拿着东西到当铺去变卖。在过去家境好的时候，周围人是用一种羡慕的眼光看待他这个小公子哥儿的，话语里包含着亲切，眼光里流露着温存。但现在他家穷了下来，周围人的态度就都变了：话语是凉凉的，眼光是冷冷的，脸上带着鄙夷的神情。周围人这种态度的变化，在鲁迅心灵中留下的印象太深刻了，对他心灵的打击也太大了，这使他感到在当时的中国，人与人之间缺少真诚的同情和爱心。人们是用"势利眼"看人待物的：对有钱有势的人是一种态度，对无钱无势的人又是另一种态度。多年之后，鲁迅还非常沉痛地说："有谁从小康人家而坠入困顿的么，我以为在这途路中，大概可以看见世人的真面目。"（《〈呐喊〉自序》）

家庭的变故和变故后的人生体验，也使鲁迅从少年时候起就亲近下层人民。他的外祖母家住在农村，这使他有机会接触和了解农民的生活。特别是在他祖父入狱的前后，他不得不到农村的亲戚家避难，长时期住在农村。在那里，他与农村的孩子们成了朋友，与他们一起玩耍，一起划船，一起看戏，有时也一起到他们家的地里"偷"豆子煮了吃。在他们之间，没有相互的歧视和仇视，而是相互关心，相互友爱。鲁迅一生都把他与农村小朋友这种朴素自然、真诚单纯的关系当做人与人之间最美好的关系而怀念着，描写着。

在当时，一般的读书人走的是三条道路：一条是读书做官的道路。当不上官的还可以去当某一个官僚的幕友，假若前两条道路都走不通，还可以去经商。鲁迅走的则是为当时人最看不起的另一条道路：进洋学堂。这在当时的中国，是被一般人视为把灵魂卖给洋鬼子的下贱勾当的。1898 年，18 岁的鲁迅，怀揣着慈母多方设法筹措的 8 块银元，离开家乡进了南京水师学堂，后来又改入南京路矿学堂。这两所学校都是洋务派为了富国强兵而兴办的，其中开设了数学、物理、化学等传授自然科学知识的课程。期间，鲁迅阅读了外国文学和社会科学方面的著作，开拓了视野。特别是严复翻译的英国人赫胥黎著的《天演论》，更给予鲁迅以深刻的影响。《天演论》是介绍达尔文的进化论学说的一部著作，这使鲁迅认识到现实世界并不是和谐完美的，而是充满了激烈的竞争。一个人，一个民族，要想生存，要想发展，就要有自立、自主、自强的精神。不能甘受命运的摆布，不能任凭强者的欺凌。

鲁迅在南京路矿学堂期间成绩优异，使他在毕业后获得了官费留学的机会。1902 年，他东渡日本，开始在东京弘文学院补习日语，后来进入仙台医学专门学校。他之选择学医，意在救治像他父亲那样被庸医所害的病人，改善被讥为东亚病夫的中国人的健康状况。鲁迅想通过医学启发中国人的觉悟。但他的这种梦想并没有维持多久，就被严酷的现实粉碎了。在日本，作为一个弱国子民的鲁迅，经常受到具有军国主义倾向的日本人的歧视。在他们的眼睛里，凡是中国人都是低能儿，鲁迅的解剖学成绩是 59 分，就被他们怀疑为担任解剖课的教师藤野严九郎把考题泄露给了他。这使鲁迅深感作为一个弱国子民的悲哀。有一次，在上课前放映的幻灯画片中，鲁迅看到一个中国人被日本军队捉住杀头，一群中国人却若无其事地站在旁边看热闹。鲁迅受到极大的刺激。这使他认识到，精神上的麻木比身体上的虚弱更加可怕。要改变中华民族在世界上的悲剧命运，首要的是改变中国人的精神，而善于改变中国人的精神的，则首先是文学和艺术。于是鲁迅弃医从文，离开仙台医学专门学校，回到东京，翻译外国文学作品，筹办文学杂志，发表文章，从事文学活动。在当时，他与朋友们讨论最多的是关于中国国民性的问题：怎样才是理想的人性？中国国民性中最缺乏的是什么？它的病根何在？通过这种思考，鲁迅把个人的人生体验同整个中华民族的命运联系起来，奠定了他后来作为一个文学家、思想家的基本思想基础。

在留学日本期间，鲁迅初步形成了他的世界观和人生观，但是，鲁迅的思想和感情不但为当时大多数的中国人所无法理解，就是在留日学生中也很难得到广泛的响应。他翻译的外国小说只能卖出几十册，他筹办的文学杂志也因缺乏资金而未能出版。家计的艰难使鲁迅不得不回国谋职。1909 年，他从日本归国，先后在杭州浙江两级师范学堂（今杭州高级中学）和绍兴府中学堂任教员。这个时期，是鲁迅思想极其苦闷的时期。1911 年的辛亥革命也曾使他感到一时的振奋，但接着是袁世凯称帝、张勋复辟等历史丑剧的不断上演，辛亥革命并没有改变中国沉滞落后的现实，社会的昏乱，民族的灾难，个人婚姻生活的不幸，都使鲁迅感到苦闷、压抑。五四运动之后，他的压抑已久的思想感情像熔岩一样通过文学作品猛烈喷发出来。在那时，他已经在教育部任职，并且随教育部一同迁居北京。

1918 年，鲁迅在《新青年》杂志上发表了他的第一篇白话小说《狂人日记》，这是他第一次用鲁迅这个笔名发表文章，《狂人日记》也是中国最早的现代白话小说。这篇小说，凝聚了鲁迅从童年时起到那时为止的全部痛苦的人生体验和对于中华民族现代命运的全部痛苦思索。它通过狂人之口，把几千年的中国封建专制的历史痛斥为"吃人"的历史，向沉滞落后的中国社会发出了"从来如此，便对么？"的严厉质问，大声疾呼："救救孩子！"

《狂人日记》之后，鲁迅连续发表了多篇短篇小说，后来编入《呐喊》《彷徨》两个短篇小说集，分别于 1923 年和 1926 年出版。

鲁迅的小说作品数量不多，意义却十分重大。鲁迅把目光集中到社会最底层，描写这些底层人民的日常生活状况和精神状况。这是与鲁迅的创作目的分不开的。鲁迅说："我的取材，多采自病态社会的不幸的人们中，意思是在揭出病苦，引起疗救的注意。"（《南腔北调集·我怎么做起小说来》）这种表现人生、改良人生的创作目的，使他描写的主要是孔乙己、华老栓、单四嫂子、阿 Q、陈士成、祥林嫂、爱姑这样一些最普通人的最普通的悲剧命运。这些人生活在社会的最底层，最需要周围人的同情和怜悯、关心和爱护，但在缺乏真诚爱心的当时的中国社会中，人们给予他们的却是侮辱和歧视，冷漠和冷酷。这样的社会难道是一个正常的社会吗？这样的人际关系难道是合理的人际关系吗？最令我们痛心的是，他们生活在无爱的人间，深受生活的折磨，但他们彼此之间也缺乏真诚的同情，对自己同类的悲剧命运采取的是一种冷漠旁观甚至欣赏的态度，并通过欺侮比自己更弱小的人来宣泄自己受压迫、受欺侮时郁积的怨愤之气。在《孔乙己》里，有恶意嘲弄孔乙己的短衫顾客；在《阿Q正传》中，别人欺侮阿Q，阿Q则欺侮比自己更弱小的小尼姑；在《祝福》中，鲁镇的村民把祥林嫂的悲剧当作有趣的故事来欣赏……所有这一切，让人感到一股透骨的寒意。鲁迅对他们的态度是哀其不幸，怒其不争。鲁迅爱他们，但希望他们觉悟，希望他们能够自立、自主、自强。

鲁迅对权势者和伪君子抱着深恶痛绝的态度。《孔乙己》中的丁举人、《阿Q正传》中的赵太爷、《祝福》中的鲁四老爷、《长明灯》中的郭老娃、《离婚》中的七大人等等，都是这样一些权势者的形象。他们有权有势，但对他人的命运却没有真诚的关心，对社会的进步没有丝毫的热情，他们关心的只是自己的权势和地位，自私、虚伪、冷酷，阻碍着社会的进步和改善。《肥皂》中的四铭、《高老夫子》中的高老夫子则是一些假道学、伪君子，他们口口声声说是关心社会的道德，实际上他们自己都是毫无道德心的人。

鲁迅的小说写的是平凡人的平凡的生活，没有离奇的故事，没有引人入胜的情节，却充满了无穷的艺术魅力。这种魅力是从哪里来的呢？是从他对人、对生活的细致入微的描写和对人的内在微妙心理的入木三分的刻画带来的。读鲁迅的小说。时时有一种发现的喜悦。画面是普通的画面，人物是普通的人物，但却在这么普通的画面和普通的人物身上，随时都能注意到我们平时注意不到的特征，觉察到平时觉察不到的人物的心理活动。正是由于这种细致入微的描写和入木三分的心理刻画，使鲁迅小说的艺术魅力具有了愈久愈醇的特征。在青年时期，我们涉世不深，北方的中小学生对故事中所描写的鲁镇等江南水乡、三昧书屋等风土人情还不够熟悉，对人生还没有更多的亲身体验，鲁迅小说是作为一个整体进入我们的感觉世界的，但在我们感觉到的人物和画面中到底潜藏着多么丰富的内涵，我们还不可能尽数感觉到，随着我们社会经验的增加和人生体验的深化，这些人物和画面的内涵就会不断从中生发出来。为了揭示不同生活画面和不同人物命运的不同的意义，鲁迅的小说结构是多变的，几乎一篇有一篇的样式，一篇有一篇的写法。《狂人日记》与《阿Q正传》不同，《孔乙己》与《白光》不同，《故乡》与《祝福》不同，《孤独者》与《伤逝》不同。不仅结构样式不同，音调节奏也不同。《孔乙己》是那么的单纯而又冷峻，《伤逝》则那么透迤曲折、情深意切。鲁迅的小说是小说，也是诗，意境幽深，外冷内热，其运用民族语言的功力达到了炉火纯青的地步。

在写作《呐喊》、《彷徨》的同时，鲁迅还创作了散文集《朝花夕拾》和散文诗集《野草》。前者出版于1928年，后者出版于1927年。如果说《呐喊》《彷徨》中的小说是鲁迅对现实社会人生的冷峻的刻画，意在警醒沉睡的国民，《朝花夕拾》中的散文则是鲁迅温馨的回忆，是对滋养过他的生命的人和物的深情的怀念。幼时的保姆长妈妈，在备受歧视的环境中给予过他真诚的关心的藤野先生，一生坎坷、孤傲不羁的老友范爱农，给过他无限乐趣的"百草园"，吸引着他的好奇心的民间戏剧和民间娱乐活动……所有这一切，都是在这个险恶世界的背景上透露出亮色和暖意的事物，是他们，滋养了鲁迅的生命。这些散文，把抒情、叙述、议论结合在一起，有时如平静的港湾，有时如波涛翻滚的大海，有时如湍急奔流的河水，有时又像蜿蜒曲折的小溪，千姿百态，体现了鲁迅散文创作的艺术成就。同《朝花夕拾》中那些明净细致的散文不同，《野草》中的散文诗则呈现出迷离恍惚、奇诡幻美的意境，它们像一团团情绪的云气，在空中旋转飘荡，变幻出各种意想不到的形状。鲁迅内在的苦闷，化为了梦，化为了超世间的想像，使《野草》成了中国现代主义文学中的一朵奇葩。鲁迅曾对别人说："我的哲学都在《野草》里。"鲁迅最内在的情绪体验和最玄妙的哲理性感悟，通过这种奇特的艺术手段传达出来。鲁迅的艺术创造力是惊人的。

最充分体现鲁迅创造精神和创造力的还应该首推他的杂文。杂文古已有之，在外国散文中也能找到类似的例证，但只有到了中国现代文化史上，到了鲁迅的手中，杂文是匕首、是投枪，这种文体才表现出它独特的艺术魅力和巨大的思想潜力。鲁迅的杂文可以说是中国现代文化的一部史诗，它不但记录了鲁迅一生战斗的业绩，同时也记录了鲁迅那个时代中国的思想史和文化史。当中国现代知识分子要创造适应于中国现代发展的新文化、新思想时，遇到的是从各种不同的阶层，各种不同的人物，从各种不同的角度，以各种不同的方式进行的诬蔑和攻击。鲁迅的杂文就是在这种没有固定不变的战线、没有固定不变的论敌的思想文化斗争中自然形成的。从五四起，鲁迅就开始用杂文的形式与反对新文化的各种不同的论调进行斗争，但那时他还是不自觉的。到了后来，有些人开始嘲笑他是一个杂文家，他才更明确地意识到杂文的力量，并且开始自觉地从事杂文的创作。鲁迅说，杂文是感应的神经，它能够对于有害的事物，立刻给以反响或抗争，从而为新文化、新思想的发展在旧文化、旧思想的荆棘丛莽中开辟出一条蜿蜒曲折的道路，使之能够存在，能够发展，能够壮大。鲁迅一生写了《坟》、《热风》、《华盖集》、《华盖集续编》、《三闲集》、《二心集》、《南腔北调集》、《伪自由书》、《准风月谈》、《花边文学》、《且介亭杂文》、《且介亭杂文二集》、《且介亭杂文末编》等15部杂文集。在这15部杂文集中，鲁迅把笔触伸向了各种不同的文化现象，各种不同阶层的各种不同的人物，其中有无情的揭露，有愤怒的控诉，有尖锐的批判，有辛辣的讽刺，有机智的幽默，有细致的分析，有果决的论断，有激情的抒发，有痛苦的呐喊，有亲切的鼓励，有热烈的赞颂，笔锋驰骋纵横，词采飞扬，形式多样，变化多端。它自由、大胆地表现现代人的情感和情绪体验，为中国散文的发展开辟了一条更加宽广的道路。鲁迅杂文在中国现代文学史上的地位是不容抹杀的。

鲁迅晚年还完成了一部小说集《故事新编》（1936年出版）。这部小说集取材于中国古代神话、传说和历史事实，但它没有拘泥于原有的故事，而是加进了鲁迅自己的理解和想像，有些还采取了古今交融的写作手法，使古代人和现代人发生直接的对话。鲁迅这样做的目的，是使我们能够通过对现实人物的感受和理解，还古代人物一个鲜活真实的面貌，也通过对古代人物的感受和理解，更深入地感受和了解某些现实人物的真实面目。通过《故事新编》中的小说，鲁迅实际重构了中国的文化史，揭示了中华民族存在和发展的根据，也重塑了那些被中国封建文人圣化了的历史人物的形象。《补天》可以被认为是一部中华民族的创世纪，在鲁迅的观念中，真正体现中华民族根本精神的不是那些古圣先贤和帝王将相，而是创造了中华民族的女娲，她是中华民族生命力的源泉和象征；《奔月》写的是古代英雄的悲剧，羿射掉九日，拯救了人类，但那些自私狭隘的世人并不想继承、发扬他的英雄精神，只想利用他实现自己自私狭隘的目的，他被自己的学生所暗算，被他的妻子所抛弃；《铸剑》表现的是被压迫者向压迫者复仇的主题；《理水》《非攻》歌颂了中国古代那些身体力行的政治家和思想家，禹和墨翟都是中华民族的脊梁式的人物。孔子、老子、庄子、伯夷、叔齐这些历史人物也在鲁迅的笔下成了有些可笑但仍不失其可爱的活生生的人物形象。鲁迅的《故事新编》

以荒诞的手法表现严肃的主题，创立了一种完全新型的历史小说的写法。

鲁迅在短篇小说、散文、散文诗、历史小说、杂文各种类型的创作中，都有自己全新的创造。他的一生是为中华民族的生存和发展挣扎奋斗的一生，他用自己的笔尖持社会正义，反抗强权，保护青年，培育新生力量。在前期，他热情支持青年学生的正义斗争，揭露段祺瑞执政府镇压学生运动、制造"三一八"惨案的罪恶行径，写下了《纪念刘和珍君》等一系列震撼人心的文章；在后期，他反对国民党政府对共产党人和进步青年的血腥镇压，参加了左翼作家联盟和中国民权保障同盟，写下了《为了忘却的纪念》等一系列充满义勇正气的文章。"鲁迅的骨头是最硬的，他没有丝毫的奴颜和媚骨，这是殖民地半殖民地人民最可宝贵的性格。"（毛泽东：《新民主主义论》）

1936年10月19日，鲁迅逝世于上海。成千上万的普通人自动地来为他送行，在他的灵柩上覆盖着一面旗帜，上面写着"民族魂"三个字。

生前，他立下遗言："一、不能因为丧事收任何一文钱，但朋友的，不在此例。二、赶快收敛、埋掉、拉倒。三、不要做任何关于纪念的事。四、忘掉我，管自己的生活。倘不，那就真是糊涂虫。五、孩子长大，倘无才能，可寻点小事情过活，万不可去做空头文学家或美术家。六、别人应许给你的事物，不可当真。七、损着别人的牙眼，却反对报复，主张宽容的人，万勿和他接近。"莎士比亚说："一个人的临终遗言，就像深沉的音乐，有一种自然吸引注意的力量。"

鲁迅一生的著作和译作近1000万字，其中杂文集共16本。

观点与思想

鲁迅不仅是伟大的文学家，而且是伟大的教育家。他一生中较长时期从事教育工作，积累了丰富的教育经验，对教育问题发表了一系列革新主张和许多精辟的见解。他的教育经验、教育思想是我们教育工作者的宝贵财富，对于我们今天的教育工作有着重要的现实意义。

鲁迅来自旧社会，他对旧中国的教育有深刻的感受。他入过家塾、私塾，又进过"洋学堂"，留过学；读过"四书""五经"，也学过"西学"。他看透了封建专制教育的腐朽严酷，亲见洋务派"洋学堂"的"乌烟瘴气"和空疏无用。在路矿学堂，他开始接触了西方的自然科学和社会政治学说，但对国内的"新学"很为失望。在日本留学期间，他大量地学习西方文明，也厌弃资本主义教育反动偏枯的一面。他深感弱国人民的痛苦，救国救民的爱国热情因此更加炽烈而深沉。《朝花夕拾》一书的部分内容，描绘了鲁迅求学的经历，表现了他是一个"经过千辛万苦，向西方国家寻找真理"的"先进的中国人"。从一定意义上说，鲁迅的求学经历，就是一幅中国近代教育史的缩影。鲁迅看透了旧教育的弊病，坚决主张全盘改造旧教育，这个主张与他的亲身感受有着密切的关系。

鲁迅从年轻时起就重视教育工作。在他出国留日前，清政府已腐败透顶，帝国主义势力步步进逼，瓜分危机迫在眉睫。爱国志士，充满忧愤。1903 年初，鲁迅与陶成章等 27 个留日学生给绍兴人民写了一封公开信，对比中日两国情况，痛切地指出："我中国空疏陈迂之教育，必不能敌各国之教育；我中国腐败朽蠹之政治，必不能敌各国之政治。"他们急切地呼吁故乡人民，冲破障碍，出外留学，寻求救国救民的真理，"愤思奋发""更新国政"。他在回国前一年发表的《文化偏至论》中又说："是故将生存两间，角逐列国是务，其首在立人，人立而后凡事举。""立人"，即培育人才。要国家强盛，首先要培育人才。由于事实的教训和学习了马列主义，鲁迅后来还认识到，要取得民族革命的胜利和人民的解放，必须推翻反动阶级的统治；推翻剥削制度，要靠革命，靠火与剑，但思想革命与革命人才的培养，在这里也是至关重要的。因此，他十分重视家庭教育、学校教育和社会教育。1909 年鲁迅留日回国后，就直接参加了学校教育工作。此后近三十年的战斗，他主要以文艺界和教育界为阵地。他正式从事的唯一的社会职业，就是教育工作。通过多年的教育实践，他积累了非常丰富的教育经验。1909 年鲁迅留日回国后，就直接参加了学校教育工作。此后近三十年的战斗，他主要以文艺界和教育界为阵地。他正式从事的唯一的社会职业，就是教育工作。通过多年的教育实践，他积累了非常丰富的教育经验。

鲁迅的教育思想来源于实践，并充分体现在他的教育实践活动和教育论著之中。在他写的小说、杂文、讲演、书信中，直接论述教育问题和涉及教育问题的在七八十篇以上。他对反动的旧教育进行了无情的批判，对教育改革提出了许多精辟的见解。他后期的教育思想，充满了马克思主义的辩证法，具有强烈的战斗性和深刻的说服力，给我们教育工作者以巨大的热力和光亮。

鲁迅的教育思想是他的思想整体中不可分割的一个部分，是我国现代教育思想宝库中的一份宝藏。鲁迅是我国文化革命的旗帜，是在教育战线上进行战斗的光辉榜样，在我国现代教育史上建立了不可磨灭的功绩。

鲁迅的"立人"思想，所谓"立人"，立的是整个中华民族的所有的人，无论是男女老少，都可能成为立人的对象。立人的核心和本质是要追求一个"个体的"与"精神的"自由的价值理念。作为精神界之战士，鲁迅的一生是启蒙的一生，救赎的一生。而他启蒙与救赎的旨归则在于"立人"。"立人"是鲁迅思想中一个相当重要的观念，这在他早期的论文《摩罗诗力说》中就已经明确提出来了。鲁迅强调说，"立国必先立人"，翻译成今天的说法，就是"人权高于主权"。没有人权的主权是虚幻的主权、是少数统治者的主权。一个国家要真正实现强大，每一个人都得成为现代社会文明的、民主的、有公民责任感的，有独立思考能力的个人、个体。只有先立人，这个国家才能立起来。鲁迅认为，中国人从来就没有知道过做人的资格，中国人一直都挣扎在想做奴隶的时代和暂时做稳了奴隶的时代。两种生活不断地交替。同时中国人不是被外国的侵略者所蹂躏，就是被本国的奴隶者所奴役，不是被强盗抢夺就是被官兵杀戮。而鲁迅先生本人则从良知和理性那里领来了一份责任，他执意要揭穿专制的本质，鲁迅用他充满血泪的文字来表明：中华民族要成为一个有尊严的民族，中国人要成为一个有尊严的人，必须进行深刻的、全民族的文化批判和心灵忏悔。

鲁迅在逝世前不久说过，他死了就赶快埋掉，拉倒；他还特别希望自己的作品"速朽"。鲁迅作品未能"速朽"，恰恰证明他所攻击的中国社会的种种疮痍与病菌依然存在，有些甚至还在恶性发展。早在 1928 年有人就认为"阿Q时代已经死去"，鲁迅描写的都是很久以前的人与事，与现实没有多大关系。可鲁迅回答说："我还恐怕我所看见的并非现代的前身，或者竟是二三十年之后。"30 年代有人问他，中国的现代与过去有什么区别，他说现在是阿Q派掌权，情况更糟了。认真说来，即在今天，我们也不敢说："阿Q这面镜子里没有自己的影子。"过去有人认为，鲁迅对于中国人的痼疾只能揭出病苦而未能开出药方，其实并非如此。早在本世纪初，鲁迅在日本已经提出"立人"这个极其重要的治疗方案，至今乃至 21 世纪都是值得每个中国人高度重视的。从某种意义上说，立人思想是鲁迅整个思想体系中的核心。立人就是要让跪在地下的奴隶自觉地站起来，取得人的地位与尊严。鲁迅很早就清醒地认识到：由于几千年封建专制统治，"中国人向来就没有争到过人的价格，至多不过是奴隶。"老百姓是官僚的奴隶，官僚是皇帝的奴隶。19世纪后期，许多先进的中国人意识到自己是封建皇帝与外国侵略者的奴隶，于是奋起反抗，斗争了一百多年才取得民族的解放与独立。但是我们的奴性心理还没有根除，鲁迅的立人理想还没有真正实现，别人讲什么，我们就跟着讲，跟着做。事实证明，奴性不除，个性不张，不具备独立人格与精神自由，就不可能成为真正意义上的现代人，没有现代人就不可能建成现代化的国家。鲁迅在本世纪初提出中国要在20世纪里"生存两间，角逐列国"，"其首在立人"，也就是说首先要有人的思想解放，人的思想现代化，这是国家现代化的必要条件，也是它的最终目的所在。鲁迅的这个观点不仅适用于20世纪，在即将到来的21世纪仍然是完全适合的。

鲁迅"立人"思想与当今教育有着密切关系，并不是把他的作品当作经典教条，或者把鲁迅当做圣人来崇拜，无论前期后期，他都有不可避免的历史局限性。比如前期他提出立人思想的时候就强调"掊物质而张灵明，任个人而排众数"，这相当明显地反映出片面性，其社会主义共产主义理想还带有某些空想的色彩，直到后期也未能完全消失。我们指出鲁迅有他的局限性，但丝毫也不影响我们对他的尊敬与热爱，从总的大的方面看，他的伟大人格与革命精神，他的深刻思想是我们中国人用之不尽取之不竭的精神财富。

当今教育，迫切需要鲁迅式的文化巨人，教育专家，需要像他那样独立自由，坚韧不拔而又具有现代意识的"精神界之战士"。我们要在继承其遗产的基础上发挥自己的创造力，使鲁迅的立人思想更加丰富，更加深刻。

地位与影响

首先，鲁迅对中国文化倾注了"叛逆"精神。

生平56年，青年时代的"三易其志"。对于家庭的孝道，只娶不亲，给了发妻一个荒漠似的婚姻。这不彻底的叛逆，有些生硬，有些无力，但是却镌刻上了中国式的感情。46岁和许广平的结缘，与其说是暗合了现代人新兴的爱情观，不也算是一种对中国文化的冲破，对固有观念的撕毁。

那唯美也是唯一的爱情体小说《伤逝》，自由、大胆地表现现代人的情感和情绪体验，而鲁迅自身与其妻许广平现代知识分子的完美爱情收尾，确是从《伤逝》的反面对我们解读了现代爱情的发展观和创新观。

面对他所处的整个世界既定的三个教条似的前途，他选择了乡人鄙视的目光，选择了洋学堂。他把个人的人生体验同整个中华民族的命运联系起来，奠定了他后来作为一个文学家、思想家的基本思想基础。

其二，鲁迅是中国现代文化伟大"授渔者"之一。

鲁迅提携了白薇，丁玲，萧红，萧军等一批在文坛起到决定性影响的青年作家，在为了中国文化的传承上，他无疑是做足了功课，毫不吝惜的哺育着中国的一代文学新生。他是博爱和蔼的长者，他给予了青年人太多的关怀和爱护，在他们的人生路上永不停息的展灯，远望，关注，总会在最需要的时候，给予最有力的帮助。

左联，"语丝"文体，"随感录"，乡土文学社，"鲁迅风"，影响和感染了太多的中国青年，开辟和筑建了属于一个时代的新的文风和精神构架。

其三，鲁迅为中国文化倾注了"精神拯救"的思想，是文化革命的伟大的战士。

正如他所说的"改变中国人的精神，而善于改变中国人的精神的，则首先是文学和艺术"

弃医从文，面对中国的社会现实，他冷静的认识到，当前的中国人缺陷不在于身体上，而是困顿的精神世界，精神上的"东亚病夫"，中国有太多国民劣根性的疮疤。

作为那个时代中国文化界的精神坐标，他是个孤独的前行者，一次次的描写悲剧，并不是他喜欢将美好的东西撕破给别人看，而是他身上背负的沉重的历史使命，中国人精神上的痼疾太多太多。在《孔乙己》里，恶意嘲弄孔乙己的短衫顾客；在《阿Q正传》中，别人欺侮阿Q，阿Q则欺侮比自己更弱小的小尼姑；在《祝福》中，鲁镇的村民把祥林嫂的悲剧当作有趣的故事来欣赏……所有这一切，让人感到一股透骨的寒意。鲁迅对他们的态度是"哀其不幸，怒其不争"。鲁迅爱他们，但希望他们觉悟，希望他们能够自立、自主、自强。

其四，鲁迅为中国文化赋予了新的精神力量。

毛主席曾经说过："鲁迅在中国的价值，据我看要算是中国的第一等圣人。孔夫子是封建社会的圣人，鲁迅则是现代中国的圣人。"诚然，鲁迅在中国文化里倾注了民族忧患意识、自强意识，直面现实的精神，和绝对的爱国热情。

他创造了现代社会精神文化，并成为其重要的一环或结构，奠定了他在中国思想文化史上的地位和意义。在由传统向现代思想和文学的转变过程中，鲁迅是一座界碑，他的启蒙思想和立意"深切"、格式"特别"的文学具有现代思想和文学的革命的原型的意义。鲁迅的文化是精神的"反抗"与生命"挣扎"的文学，是为了争取做人的资格：生存、温饱和发展的"反叛"，对生命体验的"彷徨"、"孤独"和"绝望"的"挣扎"。它所显示出的思想的深刻性和彻底性、生命体验的独特性和丰富性，正是鲁迅思想和文学的魅力所在，也是区别他人其独特价值的地方。他在文学中所表现的"改造国民性"主题和"绝望的抗战"体验也是 20 世纪中国乃至世界思想史上最有价值深度的母题之一。要"立人"，就要进行思想的启蒙，就要反叛"非人"的思想和"吃人"的社会制度，就要揭露"吃人者"的把戏和"被吃者"的人性弱点。鲁迅对传统思想和礼教制度，从汉语表达的方式到伦理道德的面具，从人的潜意识到社会制度都进行了深刻而彻底的揭露和批判，对沉默的国民灵魂也进行了真实的去蔽。

他关注人的思想的觉醒和社会、民族的解放，大胆实践和推动中国文学的意义和文体形式变革，吸收世界先进文化，反思、批判中国历史的"非人道"现象和传统文化的惰性力量，提倡思想的"立人"和"致人性于全"主张，认为思想启蒙和社会的变革"首在立人，人立而后凡事举"，人是社会的主体，是文化的根本，"尊个性而张精神"，"掊物质而张灵敏，任个性而排众数"（《文化偏至论》）才是社会变革的当务之急。立人即要实现人的意识觉醒相精神的独立，释放人的生命能量，怀疑和反叛一切制约人的生命和思想的意识观念和社会制度。

其五鲁迅对中国文化倾注了独立性和创造性。

鲁迅小说的人物是独立性的，没有重复和叠加，据有很强的代表性。人读鲁迅的小说，时时有一种"发现的喜悦"。画面是普通的画面，人物是普通的人物，但却在这么普通的画面和普通的人物身上，随时都能注意到我们平时注意不到的特征，觉察到平时觉察不到的人物的心理活动。

鲁迅的小说结构是多变的，创造性的。为了揭示不同生活画面和不同人物命运的不同的意义，几乎一篇有一篇的样式，一篇有一篇的写法。鲁迅的小说是小说，也是诗，意境幽深，外冷内热，其运用民族语言的功力达到了炉火纯青的地步。

鲁迅是中国的民族魂，也是中华民族新文化的方向。他所留给中国人的文化财富绝对不输于莎士比亚。

鲁迅是中国文化革命的主将，他不但是伟大的文学家，而且是伟大的思想家和伟大的革命家。

鲁迅是在文化战线上，代表全民族的大多数，向着敌人冲锋陷阵的最正确、最勇敢、最坚决、最忠实、最热忱的空前的民族英雄。

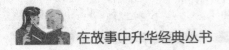

陶行知

生平简介

陶行知（1891～1946年）是中国历史上伟大的人民教育家。1891年10月18日生于安徽歙县。他自幼聪明好学，邻村的一位塾师认定这孩子长大后必然能成就大事，就让他免费入塾读书。有一天下大雪，当他赶到塾馆时老师已经开讲，他硬是站在门外专心致志地听老师把课讲完。这种学习精神感动了塾馆里的每一个人。1906年，他进入本县的教会学校崇一学堂免费读书。在这里学习英文、数学、理化等课程，开始接受西方资产阶级的新教育。但由于他一直生活在中国社会的底层，所以从童年时代起就对民间的疾苦有深切的感受。他尤其关注中国的农村，立志为改变中国贫穷落后的面貌和广大中国农民受剥削压迫的悲惨处境去奋斗。因此，在崇一学堂读书的时候，就写下了"我是一个中国人，要为中国作出一些贡献来"的座右铭。1914年毕业于金陵大学，后赴美留学。1917年回国，历任南京高等师范学校教授、教务主任等，反对沿袭陈法，异型他国。推行平民教育。"五四"运动后，从事平民教育运动，创办晓庄师范。1930年4月，国民党反动政府以勾结叛逆，阴谋不轨为借口，武力封闭晓庄学校。陶行知受到通缉，被迫临时避难日本。1931年春，陶氏返回上海，任《申报》总管理处顾问，对当时《申报》的革新起了相当大的作用。1932年起，先后创办了山海工学团，晨更公学团，劳工幼儿团，首创小先生制，成立中国普及教育助成会，开展即知即传的普及教育运动。1934年主编《生活教育》半月刊。7月，正式宣布将自己的名字由知行改为行知。九·一八事变后，陶行知积极从事抗日救亡运动。1936年，当选为全国各界救国联合会执行委员和常务委员。7月，与沈钧儒、邹韬奋、章乃器联合发表《团结御侮宣言》，毛泽东主席复信表示支持。接着，受全国救国联合会的委托，担任国民外交使节，出访欧、美、亚、非二十八个国家和地区，出席世界和平大会，世界新教育会议第七次年会，世界青年大会，世界反侵略大会，当选为世界和平大会中国执行委员。为光大中华民族在国际舞台上的形象做出了杰出的贡献。1938年8月。陶氏回国路过香港，倡导举办了中华业余学校，推动香港同胞共赴国难。1939年7月，在四川重庆附近的古圣寺为儿童创办育才学校，培养有特殊才能的儿童。1945年，陶行知当选为中国民主同盟中央常委兼教育委员会主任委员。1946年1月，陶行知在重庆创办社会大学，推行民主教育。抗日战争胜利后，陶行知回到上海，立即投入反独裁，争民主，反内战，争和平的斗争。民主战士李公朴、闻一多遭国民党特务暗杀，陶行知被列为黑名单上的第三名。他一面做好了我等着第三枪的牺牲准备，一面继续坚持斗争，视死如归，始终站在民主运动的最前列。终因"劳累过度，健康过亏，刺激过深"于1946年7月25日患脑溢血逝世，享年五十五岁。陶行知的一生，是在人民涂炭，国家多难、民族危急之秋度过的，他以捧着一颗心来，不带半根草去的赤子之枕，与劳苦大众休戚与共，与共产党人亲密无间，为人民教育事业，为中国的民族解放和民主斗争事业鞠躬尽瘁，奋斗终生，做出了不可磨灭的贡献。陶先生著作宏富，论述精当，与当前的社会主义教育学息息相通，堪称中国近代教育史上的一代巨人。陶行知不仅属于中国，也属于世界。

观点与思想

一、生活即教育——教育与生活脱节

1. 教育需求

陶行知说："为生活向前向上的需要而教育。在生活即教育的原则之下，人欲是有地位的，我们不主张以天理来压迫人欲。"我们这里主张生活即教育，就是要用教育的力量，来达民之情，遂民之欲，把天理与人欲打成一片。而我们今天的教育有没有达民之情，遂民之欲呢？中国青少年研究中心与中国青少年发展基金会1997年至1998年做的全国性调查显示，28岁以下的城市青年希望自己的子女拥有博士以上学历的占44.5%。而据1999年所作的最新调查显示，全国城乡少年儿童的学历希望也高得惊人：希望拥有博士学

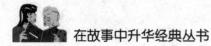

位的近41%，其中城市占57%，农村占35%。同年，国家统计局和中国经济景气监测中心公布的居民储蓄意愿调查结果表明：居民储蓄10%准备用于教育支出，高于准备用于购房支出7%的比重。教育投资成了家庭的第一投资意向。然而，与此形成巨大反差的是，到2010年，中国同龄人口的高等教育入学率，只能从现在的9%到15%左右。应该说我们的教育还远远不能满足人们的教育需求。

2. 教育目标

陶行知说：给生活以教育。我们应当利用自然界和社会界的助力、阻力去培植幼年人的生活力，使他可以做个健全分子去征服自然，改造社会。这个学校（指师范学校）对于学生所要培植的也是生活力。他的目的是要造就有生活力的学生，使得每个人的生活力更加润泽丰富强健，更能抵御病痛，胜过困难，解决问题，担当责任，学校必须给学生一种生活力使他们可以单独或共同去征服自然，改造社会。而有生活力的国民，是要靠着有生活力的教师培养的；有生活力的教师，又是要靠着有生活力的师范学校训练的。中国今日教育最急切的问题是旧师范教育之如何改造，新师范教育之如何建设。1993年7月，中国青少年研究中心儿童研究所发表了一篇题为《夏令营中的较量》的报道，披露了中日两国少年在一次探险夏令营中的不同表现。共青团中央书记处袁纯清书记在肯定我国青少年素质中积极一面的同时，指出其严重的缺陷：他们有抱负，但是缺乏脚踏实地的奋斗精神；他们积极向上，但是缺乏与困难作斗争意志和毅力；他们渴望更多的爱，但是往往不注意关心别人，缺乏同情心；他们追求美好的生活，但是往往不愿为之付出更多的劳动；他们智力发展比较快，知识面也比较广，但是动手能力、实践能力比较差；他们成人感确立得比较早，但依赖心理仍然强。归结起来有三条：一是生存能力弱，二是责任感不强，三是承受力差。这难道不值得我们教育工作者认真反思吗？

3. 教育内容

用生活来教育。人的特别本领就是不专靠自己的身体为工具，人能发明非身体的工具，制造非身体的工具，运用非身体的工具。教育是什么？教育是教人发明工具，制造工具，运用工具。生活教育教人发明生活工具，制造生活工具，运用生活工具。只有发明工具，制作工具，运用工具是真教育，是真生活。

二、社会即学校——学校与社会隔离

陶行知认为：学校即社会，就好像把一只活泼的小鸟从天空里捉来关在笼里一样。它要以一个小的学校去把社会所有的一切东西都吸收进来，所以容易弄假。社会即学校则不然，它是要把笼里的小鸟放到天空中使它能任意翱翔，是要把学校的一切伸张到大自然里去。我们主张社会即学校，是因为在学校即社会的主张下，学校里的东西太少，不如反过来主张社会即学校，教育的材料，教育的方法，教育的工具，教育的环境，都可以大大的增加。学生、先生也可以多起来，因为在这样的办法下，不论校内校外，都可以做师生的。学校即社会一切都减少，校外有经验的农夫，就没有人愿意去领教；校内有价值的活动，外人也不能受益。如上所言，坏的社会也可以做学校吗？坏的社会，我们也要认识，也要有所准备，才能生出抵抗力，否则一入社会，便显出手忙足乱的情状来。教育是现实的社会生活的一个有机的组成部分，它不可能孤立于现实的社会生活之外。刚踏上人生之路的青少年，生理和心理发展水平都不能适应社会的要求。其中，生理发展水平的差距，只能通过个体生理的自然发育来消除，而心理发展水平的差距，则要靠学校组织个体积极参与社会生活过程才能消除。正是出于上述原因，我国在中小学课程计划中专门开设了社会实践活动，要求组织学生参加社会生产劳动和社会服务、社会调查、参观访问以及军事训练等活动。引导学生接触工农，了解社会，认识社会主义制度的优越性，增强热爱劳动人民的感情和社会责任感。而这一切为了在升学的目标导向下，不少学校只希望学生一头扎进书堆中，少管闲事。有的学校甚至在教室里公然提倡两耳不闻天下事，一心攻读教科书的标语。长期的家庭、学校两点一线的单行道，已使学生成了笼中之鸟，即使打开笼门，他们也没有胆量和能力展翅翱翔。湖南师范大学心理系孙庆明、石鸥两位副主任指出，当前校园中出现的一种前所未有的校园人格，其主要表现是：自私、冷酷、残忍、内向、孤僻、自我过分膨胀、自尊过于强烈、挫折承受力极低等等。这些现象的原因是多方面的，复杂的，其中一个重要

原因可以归结为长期的封闭式的教育，使学生脱离现实生活，学生接触社会后发现社会中的现实规范与学校所灌输的理想规范之间存在着强烈反差，会感到茫然若失，无所适从，产生心理上的错位和变态。封闭、保守、划一与学科中心主义，与沸腾的社会生活脱节，与知识更新的速度脱节，抑制了学生的个性的发展。在这种教育模式里培养出来的学生，往往毕业就是落后。上海去年曾对当年毕业的 3 万名大学毕业生与 1200 名中学毕业生的社会适应能力作过跟踪调查，结论是基本不适应社会的需要。教育是一个系统工程，加强和改进教育工作，不只是学校和教育部门的事，家庭、社会各方面都要一起的关心和支持。只有加强综合管理，多管齐下，形成一种有利于青少年学生身心健康发展的社会环境，青年一代才能茁壮成长起来。不能整天把青少年禁锢在书本上和屋子里，要让他们参加一些社会实践，打开他们的视野，增长他们的社会经验。宣传思想、新闻出版、广播电视、文化艺术等从事精神产品生产的各个部门，在这项工作中责任重大，要与教育部门密切配合，尤其是要加强对青少年学生进行爱国主义、集体主义、社会主义的思想教育，帮助他们树立正确的世界观、人生观、价值观。要把最好的精神食粮提供给广大青少年学生。甚至要建立一支优秀校外辅导员队伍，少年宫、青少年活动之家等校外教育机构，要开展丰富多彩的课外活动。要通过建立社区教育委员会、关心下一代协会等，组织协调社会各界关心青少年学生健康成长的各种活动。

三、教学做合一——填鸭式的教授法

做字在晓庄有个特别定义。这定义便是在劳力上劳心。单纯的劳力，只是蛮干，不能算做。单纯的劳心，只是空想，也不能算做，真正的做只是在劳力上劳心。我们主张教学做是一件事的三方面：对事说是做；对自己之进步说是学；对别人影响说是教。事怎样做就怎样学，怎样学就怎样教，教的法子要根据学的法子，学的法子要根据做的法子。教学做是一件事，不是三件事。我们要在做上教，在做上学。在做上教的是先生，在做上学的是学生。从先生对学生的关系说：做便是教；从学生对先生的关系说：做便是学。先生拿做来教，乃是真教；学生拿做来学，方是实学。不在做上用功夫，教固不成为教，学也不成为学。它当然也有自己的教学用书，生活教育与教学做合一之总要求。我们要活的书，不要死的书；要真的书不要假的书；要动的书不要静的书；要用的书不要读的书。总体来说，我们要以生活为中心的教学做指导，不要以文字为中心的教科书。文字中心之过在以文字当教育，以为文字之外别无教育。以文字做中心之教科书实便于先生讲解，学生静听。于是讲书、听书、读书，便等于正式教育而占领了几乎全部之时间。它使人坐而言，不使人起而行。中国教育之通病是教用脑的人不用手，不教用手的人用脑，所以一无所能。中国教育革命的对策是手脑联盟，结果是手与脑的力量都可以大到不可思议。人生两件宝：双手与大脑。众所周知，教学改革是当前教育改革的核心。其根本目的是实现由知识传授向重能力培养和素质养成转变，真正确立学生在教学中的主体地位，调动学生的主动性和积极性，培养创造能力，促进个性发展。但由于长期受以学科为核心的"课程论"及知识传授为核心的教学论的影响，教学改革始终围绕学科、课程、教材、知识、教师、课堂等环节展开，教学改革考虑最多的是如何设置课程；如何编写教材；如何更好地组织内容；如何在有限的课堂教学中提高教学效益和质量，凡此种种教学改革难以突破。在这种以课程为中心的教育思想影响下，教师教书，学生读书，考试考书。教学重在知识传授、记忆和再现，与实践严重脱节，不仅使学习变成目的模糊、枯燥乏味的填鸭过程。而且影响了学生对学习的兴趣养成，抑制了学生主动性与创造力培养，不利于学生个性发展。所以，当前教学改革的关键是实现教学观念的创新，突破传统的课程观和教师观，树立教、学、做三位一体的新的教学机制。近年来，这种新的教学模式开始逐步受到世界各国的重视，并显示出日益强盛的生命力。国外提出的"做学"（Learning by Doing）即在"做"的过程中学习，通过做达到学的目的。强调以做（实践）带学习，提倡围绕解决实际问题组织教学，实现理论与实践的有机结合。做学是一种突出能力培养，融知识、能力和素质于一体的新型教学模式。它一般由下列四个主要环节组成：项目设计，小组学习、协作实践、目标建构。例如，1990 年英国大学 Rotley Park 学院引入了一项新的培养计划：自我管理学习计划（Self – Managed Learning 简称为 SML）。该项计划要求学生（个体或小组）承担起自我学习的责任和义务。实行自我学习、自我考核。计划由六个主要环节组成：（1）自我管理学习"思想介绍；（2）签订学习合同（Learning contract）；（3）确定学习范围；（4）自我评价；

（5）考核过程；（6）教师指导。教师的支持是整个自我管理学习活动成功的关键。导师的作用包括：作为普通的组员参加到团队学习中，为学生提供信息、观点和意见；作为催化剂和调节剂，承担一些补缺或中间调解工作；提供过程咨询，在学生的学习过程中作必要的答疑和咨询，解决矛盾、纠纷，协助学生总结与评价；作为联络人，在学习团体之间与用人单位之间、企事业单位之间担当联络人或牵线人；作为顾问，提供资源，制定规则等。

四、创造教育与创新教育

陶行知形象地指出传统教育抹杀了人的聪明才智，堵塞了创造之路。中国有两种病。一种是软手软脚病，一种是笨头笨脑病。害软手软脚病的人，便是读书人，他的头脑一定靠不住，是呆头呆脑的。而一般工人农民都是害的笨头笨脑病，所以都是粗手粗脚。他认为：一个人要有贡献于社会，一定要手与脑缔结大同盟，然后，可以创造，可以发明，可以建设国家。他提出：解放眼睛，敲碎有色眼镜，教大家看事实。解放头脑，撕掉精神的裹头布，使大家想得通。解放双手，剪去指甲，摔掉无形的手套，使大家可以执行头脑的命令，动手向前开辟。解放嘴，使大家可以享受言论自由，摆龙门阵，谈天，谈心，谈出真理来。解放空间，把人民与小孩从文化鸟笼里解放出来，飞进大自然大社会去寻觅丰富的食粮。解放时间，把人民与小孩从劳碌中解放出来，使大家有点空闲，想想问题，谈谈国事，看看书，干点与老百姓有益的事，还要有空玩玩，才算是有点做人的味道。有了这六大解放，创造力才可能尽量发挥出来。并且提醒大家注意创造力最能发挥的条件是民主。他说：如果要大量开发创造力，大量开发人矿之创造力，只有民主才能办到，只有民主的目的，民主的方法才能完成这样的大事。他还在《创造宣言》中提出：教师的成功是创造出值得自己崇拜的人。先生的最大的快乐，是创造出值得自己崇拜的学生。教育者也要创造值得自己崇拜之创造理论和创造技术。所以处处是创造之地，天天是创造之时，人人是创造之人。而有人认为现在中国的教育有两大长处、两个短处。两大长处是文化基础知识比较扎实，学生的应试能力强。我们的学生不管是国内的考试还是参加国际各学科竞赛，都容易取得好成绩。两个不足是动手实践能力比较差，缺乏创新精神和能力，缺乏后劲。这两个不足从未来知识经济的要求来看，恰恰是致命的。这种状况亟须我们改变，我们要巩固两个长处，尽快改变两个不足，否则不能适应未来社会的要求。1999 年第三次全教会颁布的中共中央、国务院《关于深化教育改革，全面推进素质教育的决定》明确指出了素质教育要以培养学生的创新精神、实践能力为重点。这里所说的创新，是指通过对中小学生施以教育和影响，使他们作为一个一个独立的个体，能够善于发现和认识有意义的新知识、新思想、新事物、新方法，掌握其中蕴含的基本精神，并具备相应的能力，为将来成为创新型人才奠定全面的素质基础。而现在最大的症结是没有适应创新型人才成长的土壤和环境。所以，创新教育的重点不仅仅是那些操作层面的东西，更重要的是强调创造一种适应创新人才成长的土壤、环境，更强调要变革人们的思想观念、思维、行为方式和习惯，涉及到教育的一系列理论问题和实践问题。围绕创新教育的根本目标进行教育的综合改革，强调整体性、综合性和系统性是本课题的重要特征。可以说，创新教育是陶行知创造教育在新的历史条件下的发展和深化，带有时代的特色。

地位与影响

陶行知早在 75 年前创立的生活教育理论，其方法论就是教学做合一。教学做合一十分重视"做"在教学中的作用，认为要想教得好，学得好，就需做得好；要在做上教，做上学。不在做上用功夫，教固不成为教，学也不成为学；教与学都以"做"为中心；在做上教的是先生，在做上学的是学生。陶行知进一步强调师生共同在做上学，在做上教，在做上质疑问难，进而师生运用科学方法在做上追求做之所以然，要在势力上劳心。陶行知所说的做上教、做上学也就是做中教、做中学的意思。陶行知甚至把是否重视"做"为衡量教育是否真实的标准。他明确指出：先生拿做来教，乃是真教；学生拿做来学，乃是实学。而不能引导人做之教育，是假教育；不能引导人做之学校是假学校；不能引导人做之书本，是假书本。在假教育、假学校、假书本里自骗骗人的人，是假人——先生是假先生，学生是假学生。在学习外国的时候，我们不应该妄自菲薄，不应该忘记我国教育传统，尤其是人民教育传统中一切有用的理论与实践经验。陶行知不仅属于中国，也属于世界。

上世纪五十年代以来的传统教学中，对教学的权威的看法是教师有目的、有计划、有组织地向学生传授知识、训练技能、发展智力、培养能力、陶冶品德的过程。在这样的教学中，教师负责教，学生负责学，教学就是教师对学生单向的培养活动，它表现为：一切以教为中心，学围绕教转。这样做实则是让教代替了学，学生是被教会，而不是自己学会，更不用说会学了。新课标则强调，教学是教与学的交往、互动，师生双方相互交流、相互沟通、相互启发、相互补充，在这个过程中教师与学生分享彼此的思考、经验和知识，交流彼此的情感、体验与观念，丰富教学内容，求得新的发现，从而达到共识、共享、共进，实现教学相长。新课标的这些新精神与陶行知先生的"做上教、做上学"的精神是一致的。新课标对教学本质的重新定位，是对教学过程的正本清源，也是对陶行知教育思想的再次肯定。现代教育心理学研究指出，学生的学习过程不仅是一个接受知识的过程，而且也是一个发现问题、分析问题、解决问题的过程。这个过程一方面是暴露学生产生各种疑问、困难、障碍和矛盾的过程，另一方面是展示学生发展聪明才智、形成独特个性与创新成果的过程。唯其如此，在结论与过程这两者当中，新课标强调过程，强调学生探索新知的经历和获得新知的体验。这一点，与陶行知先生的"要在做上教，做上学。不在做上用功夫，教固不成为教，学也不成为学"又是一致的。如果细细研究，我们还会发现陶行知的教育思想与当代课程改革有更多的契合点，这样非常有助于我们理解、学习、掌握新的课程标准，有助于我们继承与发展传统文化中的精华，从而更好地为我们的教育事业服务。

胡　适

生平简介

胡适（1891～1962年）原名胡洪骍、洪马辛、嗣穈，字希疆，参加"庚款"留美考试后改名适，字适之，学名洪骍，笔名天风、藏晖等。安徽绩溪人。他的故乡是安徽绩溪上庄村。现代著名学者、诗人、历史家、文学家，哲学家。胡适因提倡文学革命而成为新文化运动的领袖之一。兴趣广泛，作为学者他在文学、哲学、史学、考据学、教育学、伦理学、红学等诸多领域都有进行研究。

他曾历任北京大学教授、北大文学院院长、辅仁大学教授及董事、中华民国驻美利坚合众国特命全权大使、美国国会图书馆东方部名誉顾问、北京大学校长、中央研究院院士、普林斯顿大学葛思德东方图书馆馆长、中华民国中央研究院（位于台北南港）院长等职。胡适还是中国自由主义的先驱。

胡适深受赫胥黎与杜威的影响，自称赫胥黎教他怎样怀疑，杜威先生教他怎样思想。因此胡适毕生宣扬自由主义，提倡怀疑主义，并以《新青年》月刊为阵地，宣传民主、科学。毕生倡言"大胆的假设，小心的求证"、"言必有证"的治学方法。

胡适5岁开蒙，在绩溪老家私塾受过9年旧式教育，打下一定的旧学基础。早年在上海的梅溪学堂、澄衷学堂求学，初步接触了西方的思想文化，受到梁启超、严复思想的较大影响。1904年到上海进新式学校，接受《天演论》等新思潮，并开始在《竞业旬报》上发表白话文章。1906年考入中国公学，1910年考中"庚子赔款"留学生，赴美后先入康乃尔大学农学院，后转文学院哲学。1915年入哥伦比亚大学研究院，师从唯心主义哲学家杜威，接受了杜威的实用主义哲学，并一生服膺。

1917年回国，任北京大学教授，加入《新青年》编辑部，撰文反对封建

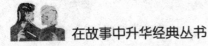

主义，宣传个性自由、民主和科学，积极提倡"文学改良"和白话文学，成为当时新文化运动的重要人物。同年，胡适在《新青年》上发表《文学改良刍议》，主张以白话文代替文言文，提出写文章"不作无病之呻吟"，"须言之有物"等主张，为新文学形式作出初步设想。"五四"时期，与李大钊等展开"问题与主义"辩难；陪同来华讲学的杜威，任杜威的翻译二年多；与张君劢等展开"科玄论战"，是当时"科学派"丁文江的后台。从 1920 年至 1933 年，主要从事中国古典小说的研究考证，同是也参与一些政治活动，并一度担任上海公学校长。抗日战争初期出任国民党"国防参议会"参议员，1938 年被任命为中国驻美国大使。抗战胜利后，1946 年任北京大学校长。

1949 年寄居美国，致力于《水经注》的考证等工作。后去台湾。1954年，任台湾"光复大陆设计委员会"副主任委员。1957 年，出任台湾"中央研究院"院长。1962 年，在台湾的一个酒会上突发心脏病去世。胡适是个学识渊博的学者，在文学、哲学、史学、考据学、教育学、伦理学等诸多领域均有不小的建树。就对孔子和儒学的研究而言，在 1919 年出版《中国哲学史大纲》（上卷）中，胡适首先采用了西方近代哲学的体系和方法研究中国先秦哲学，把孔子和儒学放在一定的历史条件下，用"平等的眼光"与诸子进行比较研究，破除了儒学"独尊"的地位和神秘色彩，具有开创性的影响。以后又发表长篇论文《说儒》，提出"儒是殷民族教士"，"最初的儒都是殷人，都是殷的遗民"，"靠他们的礼教知识为衣食之端，他们都是殷民族的祖先教的教士，行的是殷礼，穿的是殷衣冠"；周灭殷后，"他们负背着保存入国文化的遗风""儒是柔儒之人，不但指那逢衣博带的文绉绉的样子，还指亡国遗民忍辱负重的柔道和生观"；孔子是殷民族"悬记"而生的"救世主"，"他从一个亡国民族的教士阶级，变到调和三代文化的师儒"，孔子的最大贡献在于殷民族部落性的"儒"，扩大到到"仁以为己任"的儒，把柔儒的"儒"改变到刚毅进取的"儒"。孔子不是"儒"的创造者，而是儒学的中兴者。孔子的学说强调个人在社会中的地位，强调教育和仁政，并以此来影响整个社会。胡适"大胆假说"的观点在当时是惊世骇俗的，他的论证不够充分，不过他假设"儒"在殷时代就有了被后来的甲骨文研究判为事实。

胡适并不盲目崇拜孔子和儒学，他认为"孔教不能适应时势需要"，"现在大多数明白事理的人已打破了孔教的迷梦"（《新思潮的意义》）。辛亥革命后的中国社会进步，"不是孔夫子之赐，是大家努力革命的结果，是大家接受一个新世界的新文明的结果。只有向前走是有希望的，开倒车是不会成功的。"（《写在孔子诞辰之后》）对儒家强调的"三纲五常"持批判态度，说："三纲五论"的话，古人认为是真理，因为这种话在古时宗法社会很有点用处。但现在时势变了，国体变了，古时的天经地义现在变成废话了。（实验主义》）

胡适著作很多，又经多次编选，比较重要的有《胡适文存》、《胡适论学近著》、《胡适学术文集》等。

观点与思想

胡适是我国著名的哲学家、文学家、教育家，新文化运动的主将之一。他反对旧文学，提倡新文学；反对文言文，提倡白话文；提倡以写实主义真文学代替假文学。他以自己的文学思想为指导，在他的部分演讲文稿和文学作品中，阐释了闪烁理想主义色彩的语文教育思想。

一、理想的语文教育目的

教学目的是我们教学的最终目标和归宿，教学目的本身是一种社会或者阶级主观预期的思想，同时，也可以说是一种教学的理想模式，但是，它可以反映教学发展的客观趋势。语文教学目的是语文教育的起点和归宿，教学目的的确立关系到人才培养的最终个体状态，所以，它的确立就格外为社会所注重。任何时代的教育都特别强调对教育目的的制定。胡适在《中学国文的教授》这篇讲演稿里，他提出了理想的语文教育目的：（一）人人都能用国语作文，说话，演说，都能通晓明白，没有文法上的错误。（在《再论中学国文的教授》中概括为"人人能以国文自由发表思想"）（二）人人都能看平易的古文书籍，如二十四史、《通鉴》和《孟子》、《庄子》一类的子书。（三）人人能作文法通顺的古文——指文言。（四）人人有机会可懂得一点古文文学大概。

胡适提出的理想语文教育标准的第一条是对中学语文工具性的认识，即语文是"自由发表思想"的工具，但是在"发表思想"之前加上"自由"二字，这就把语文从单纯工具性解放出来了，赋予了语文工具性以活生生的内涵，即语文是生活的语文，学生学习语文的目的是学以致用。因而，对于"自由"的理解，就应该要求学生能养成独立的思想，以获得将来独立生存的能力。胡适提出的"自由"表达应该是我们语文教育永远不变的主旋律。

此外，这四条标准将学生的语文能力分解为听说（谈话和演说）、读（看平易的古文书籍）、写（用国语作文和作文法通顺的古文）三种能力。胡适将听与说的能力合为一体，再加上读和写，与当代语文教育界公认的听、说、读、写四项语文能力相差无几。胡适的这个见解是独创的，具有历史开创意义。在他之前，还没有哪位教育家提出这样的观点，也没有语文教学大纲和课程标准，像这样全面的表述学生的语文能力。他对学生语文能力的分解是符合母语学习规律的，得到了当时语文教育界的肯定，也深刻影响了现代语文教育的发展方向。

二、对阅读教学的贡献

阅读学是以研究阅读一般规律与方法、经典文本解读及阅读工具为内容的学科系统。胡适始终把阅读学的倡导、研究与实践结合，作为国语建设的重要内容。他对阅读理论方法的研究给中学语文阅读教学很大的贡献，给初学者指出了一条阅读学习的"门径"。

胡适专谈阅读理论方法的文章较少，主要有《读书》、《一个最低限度的国学书目》、《国学季刊发刊宣言》、《清代学者的治学方法》、《治学的方法与材料》等几篇。他的阅读理论与方法的研究大都是结合具体的作品与著作的研究进行的，关于阅读理论与方法的论述，也都是在上述文章中，联系作品研究内容具体表述的。在这些文章中，阅读理论与阅读方法往往被提升到科学的研究方法与治学的高度。胡适认为治学方法（或研究方法）与阅读方法（或读书方法）作为工具，在古书研究与阅读中并无本质不同，其区别只是由工具使用者的程度及阶段性目标所造成的，即读书作为初学者的工其时一般称为阅读方法，而作为专门研究者的方法时，则往往因与研究方法相结合，成为治学方法。因此，他将所拟《一个最低限度的国学书目》即作为初学者阅读的"法门"，又称之为"历史的国学研究法"。他所说的"法门"即指初学者想得到一点系统的国学知识而需要的国学书籍的阅读方法。他说："十几年的经验使我不能不承认，音韵训诂之学只可以作'学者'的工具，而不是

'初学'的门径。老实说来，国学在今日还没有门径可说；……在这个没有门径的时候，我曾想出一个下手方法来：就是用历史的线索做我们的天然系统，用这个天然继续演进的顺序做我们治国学的历程。由此，我们可以明白，胡适提倡用"社会学的、历史学的、文学的眼光"来阅读文学作品。

胡适热心地指导青年学生掌握读书的方法。他认为"抄录或笔记"、实在是极必要的，"资料渐渐积累得丰富，再用眼光来整理分析他，便成了一篇名著"；"每日所读之书，最好分为两类：一类是精读，一类是浏览的。因为我们一面要养成读书心细的习惯，一面要养成读书眼快的习惯。"他还希望青年人对"最有价值的文学作品，有益身心的格言"熟读成诵。在《读书》一文中，他指出读书有两个要素：第一要精。需要有四到："眼到、口到、心到、手到。"尤其应动手，才有所得。自己必须做一番手脚，或做提要，或做说明，或做讨论，自己重新组织过，申叙过，用自己的语言记叙过——那种知识思想才可算是你自己的了。第二要博。什么书都要读，就是博。古人说："开卷有益。"胡适提出："为学如金字塔，要能广大要能高。"胡适要求中学生多阅读经典文本。例如《诗经》、《楚辞》、《离骚》、《史记》、明清四大名著等。

三、对作文教学的建议

作文教学一直是困扰中学语文教学的一个大问题，如何指导作文教学，这历来是每一个语文教师所面临的难题。胡适作文教学主张最大的特色是强调文法教学。他认为从前教作文的人大概不懂得文法，改作文时没有标准。"读的顺口便是，不顺口便不是"。

胡适曾在《文学改良刍议》中提出"今日而言文学改良，须从八事入手"：一、须言之有物。二、不模仿古人。三、须讲究文法。四、不作无病之呻吟。五、务去滥调套语。六、不用典。七、不讲对仗。八、不避俗字俗语。这八条文学改良的建议，他在《建设的文学革命论》中总结为"八不主义"。胡适通过"八不主义"倡导文学的创作，在内容方面要有情感、有思想，抒写当今社会的情状；在语言方面应该通俗易懂，明白流畅。胡适提出的"八不主义"对当时的大中学校作文教学影响很大，一大批青年学子都踊跃的聚集在这面旗帜下。后来，胡适在《建设的文学革命论》中把"八不主义"都改作了肯定的语气，总结为：1. 要有话说，方才说话。2. 有什么话，说什么话；话怎么说，就怎么说。3. 要说我咱己的话，别说别人的话。4. 是什么时代的人，说什么时代的话。胡适在这两篇文章中，提出以白话活文学代替文言死文学，以写真文学代替假文学，这些主张是胡适给中学生作文教学提出建议的基础。胡适的《中学国文的教授》对中学国文的教学提出了几点建议：（一）教员应鼓励学生写长信，做有系统的笔记，自由发表意见。(二）让学生多作翻译，翻白话文作古文，翻古文作白话文。它可使学生练习文法的运用，练习有材料的文字。（三）若是出题做文章，应注意以下几点：(1) 最好是让学生出题。(2) 千万不可出抽象或空乏的题目。(3) 题目的要件是：第一能引起学生的兴趣，第二能引导学生收集材料，第三要使学生运用已有的经验学识。(4) 作文的时间不可多，至多两周一次，作文都该拿下堂去做。(5) 改文章时应该根据文法。合文法的才是通的，不合文法的便是不通的。每改一条，须指出根据哪一条文法通则。(6) 千万不可整篇涂改，由教员重作。

胡适对作文教学的建议有以下几点特色：(1) 重视语感训练，"鼓励学生写长信，作有系统的笔记，自由发表意见，作翻译"，都体现了他的这一思想。(2) 对于作文的命题，最好让学生自己出题，教师最好不要出题，若教师出作文题，也应与学生的实际生活相符合，要让学生感兴趣，有话可说。(3) 强调教师批改作文，一要尊重学生，尽量保持作文原义；二要依据文法。胡适以作家、文学家的眼光，准确地抓住了当时作文教学的流弊。这些有创建的作文教学主张，对后来的作文教学产生了不可估量的影响，对当下的作文教学也极具指导意义。

四、对教授法的建议

胡适在《中学国文的教授》和《再论中学国文的教授》两篇讲演稿中，论述国文和古文的教授法时，有一个核心思想：教师少讲，多引导学生质疑问难；学生多自学，多阅读文章。

在谈到国语文教授法时，胡适具体指出：(1) 小说和戏剧都由教员指定分量，由学生自修，课堂内只有讨论，不必讲解，因为讲解是文言文学习不得已的方法。(2) 戏剧应该选最精彩的部分，由学生分任剧中人物，高声念读，练习发音说话，能够排演最好，并且讨论它的布局题材等。（3）长篇的议论文与学术也要由学生自己预备；上课是由教师与学员自由讨论。在论述古文的教授法时，胡适提出：（1）千万不要在课堂上讲书。（2）学生应该自己预备指定的功课，自己查字典，自己加句读。（3）课堂上做的事有三种：（a）质疑问难，（b）讨论内容，（c）教员引申这篇文章的意思，加以材料。（4）提倡自己看书。（5）注重句读的分析与章节的解剖。

胡适强调培养学生的自修能力。他在《我们对于学生的希望》中指出："灌进去的知识学问，没有多大用处。真正可靠的学问都是从自修得来的。自修的能力，是求学的唯一条件。不养成自修的能力，决不能求学问。自修注意的事是：（1）看书的能力。（2）要求学校购备参考书报。如大字典、词典、重要的大部书之类。（3）结合同学多买书报，交换阅看。（4）要求教员指导自修的门径和自修的方法。"他认为语文的教学目的，便在于培养学生的能力，使学生能在脱离教师后继续学习。从胡适的一些改革方案可以看出，他最注重的是学生学习能力的培养，他把自修能力当成是求学问的唯一条件。所以，在中学语文教学中，教师的着重点应放在指导自修的门径与方法上。

从孔子办学到清朝末年，我国的办学方法基本上是以私塾教育、书院教育为主，教学方式基本是以教师的讲解为主，像胡适先生这样鲜明地提倡以学生自学为主，以学生为主体，极具超前性、前瞻性。"以学生为主体，教学生阅读、写作方法，以至学以致用"这是胡适语文教授法的核心，体现了胡适倡导的"实用主义"的思想。

胡适的语文教学思想在当时的社会来说，是理想化的。但是，对当时的中学语文教育改革又起到了一定的影响。当时的有些学校根据他的语文教育思想，进行了实验，甚至小学也以此为标准进行了改革。例如，根据胡适民国十年七月三十日日记所记，北一师附属小学江卓群等教员，编有一部新的小学国文的教本，他们深受胡适《中学国文的教授》一文的启示。

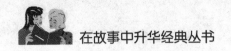
叶圣陶

生平简介

　　叶圣陶（1894～1988年），现代著名作家、语文教育家、编辑家、出版家、政治活动家，我国第一位童话作家。原名叶绍钧，字圣陶，笔名叶陶、圣陶、斯提、桂山等。生活在江南水乡——苏州。作品收在《叶圣陶集》里。早年当小学教师，并参加新潮社和文学研究会。1921年，他与沈雁冰、郑振铎等组织"文学研究会"。1923年起开始从事编辑出版工作，主编或编辑过《文学周报》、《小说月报》、《中学生》、《国文月刊》、《笔阵》等。1931年九一八事变后投入抗日救亡活动。1946年后积极参加爱国民主运动。1949年后历任出版总署副署长兼编审局局长、教育部副部长兼人民教育出版社社长和总编辑、中央文史研究馆馆长、全国政协副主席等职。著有小说《隔膜》、《线下》、《倪焕之》（这是中国现代文学史上最早出版的长篇小说之一），散文集《小记十篇》、《脚步集》、《西川集》，童话集《稻草人》、《古代英雄的石像》等，并编辑过几十种课本，写过十几本语文教育论著。

观点与思想

　　叶圣陶历来主张把养成良好习惯摆在极其重要的位置。在他的有关教育和语文教学的论著中，涉及到习惯的论述，据我们不完全统计，就有百余处之多，可见他把养成青少年学生的良好习惯摆在多么重要的地位。他甚至认为教育的全部目的就是要养成学生的良好习惯。他说："教育是什么？往简单方面说，只须一句话，就是要养成良好习惯。德育方面，要养成待人接物和对待工作的良好习惯；智育方面，要养成寻求知识和熟习技能的良好习惯；体育方面，要养成保护健康和促进健康的良好习惯。咱们社会主义社会的教育，就是要使学生养成社会主义社会里生活的一切良好习惯。"我们非常赞同叶圣陶的观点，认为即使把养成好习惯放在各类教育中至高无上的位置也不为过，因为好习惯属于"为人"的范畴，而"为人"比"为学"不知要重要多少倍。好习惯养成了，一辈子受用；坏习惯养成了，一辈子吃亏。

养成学语文的好习惯是叶圣陶培养习惯说中重要的组成部分，他认为就语文学科而言，教师一定要鼓励和引导广大青少年学生尽早养成两种好习惯，一种是凭语言文字吸收（听和读）的好习惯，一种是凭语言文字表达（说和写）的好习惯。

具体分解开来，叶圣陶认为要学好语文，至少要让学生尽早养成这样一些好习惯。

专心"听话"的好习惯

"听"在人们的工作和生活中是须臾也不能离开的，教育心理学工作者观察一般语言活动的使用频率，得到的结果是："听占45%，说占30%，读占16%，写占9%。"可见人们求得知识的主要途径是靠"听"。叶圣陶在《中学语文科课程标准》中指出："听人说话，能够了解对方的要旨，不发生误会。又能够加以评判，对或不对，妥当或不妥当，都说得出个所以然。"为了达到这样的目标，教师必须在平时加强对学生进行有效的"听"的训练。在整个训练过程中，要格外重视在"专心"两个字上下功夫，并时刻注意根据不同学生的年龄、地域、学识等差异，分别进行有的放矢的培养。就一般而言，应遵循先慢后快、先简单后复杂、先具体后抽象等原则，使学生听话能力的诸要素都得到全面提高。到那时，学生养成了专心听话的好习惯，听话的质量必将大大提高，在听话方面形成的能力就可真正享用一辈子了。

勤于阅读的好习惯

叶圣陶认为，在语文阅读教学中，教师要千方百计把学生的阅读兴趣调动起来，教师的责任不在于把一篇篇的文章装进学生脑子里去，因为教师不能一辈子跟着学生。教师只要待学生预习之后，给他们纠正、补充、阐发；唯有如此，学生在课前的预习阶段练习自己读书，在课内的讨论阶段又得到了切磋琢磨的实益，他们才能尝到阅读书籍的甜头。

认真说话的好习惯

早在 1924 年，叶圣陶就专门写过一篇题为《说话训练》的文章，把训练儿童说话一事看得极为重要。所以在学校里，教师一定要对学生进行说话的严格训练，否则的话，"他们出了学校不善说话，甚至终其身不善说话。"现代语言学家把说话能力的构成要素归纳为定向能力、编码能力、语言表达能力、语音调控能力和态势配合能力等五种。为此，我们对学生进行说话训练，课内可采用诵读、复述、发言、讨论等形式；还可结合作文教学来训练学生的说话能力，如先说后写，写后评说和口头作文等。至于日常生活中，随时都可进行说话训练，如慰问、接待、致辞、演讲等。当然最好都能有教师的指导，指导得法，学生不但能提高说话能力，而且交际能力、思想品德等方面也都能同时得到锻炼和提高。

随时写作的好习惯

写作是一门技能，需要经过长期不断的实践。叶圣陶曾经有过这样的设想："能不能从小学高年级起，就使学生养成写日记的习惯呢？或者不写日记，能不能养成写笔记的习惯呢？凡是干的，玩的，想的，觉得有意思就记。一句两句也可以，几百个字也可以，不勉强拉长，也不硬要缩短。总之实事求是，说老实话，对自己负责……这样的习惯假如能够养成，命题作文的方法似乎就可以废止，教师只要随时抽看学生的日记本或笔记本，给他们一些必要的指点就可以了。"令人可喜的是，现在已有越来越多的中小学语文老师按照叶圣陶的设想去进行作文教改的试验，让学生认真地多写多练，养成随时作文的良好习惯，写作水平都提高得相当快。

自改文章的好习惯

文章写完之后为什么要修改？因为初稿中出现这样那样的纰漏或差错是难以避免的，也是最正常不过的事，只有经过反复斟酌、推敲和修改，才能不断完善起来。为什么自己修改比让老师或他人修改好？因为只有自己修改才是主动的，才能得到实际的锻炼。为此，叶圣陶极力反对语文老师对学生作文进行"精批细改"，而提倡在认真审阅学生作文的基础上启发和指导学生自己修改。教师千万不要把本应由学生做的事情越俎代庖地包揽过来，弄得自己疲于奔命地搞无效劳动，学生却永远不会修改。

规范写字的好习惯

中小学生能否规范写字，与教师的关系甚为密切，为此，教师的板书和评语至少应该做到端正清楚，笔顺正确。如果教师本人都不把规范写字当回事，学生势必会跟着不规范，其后果就不堪设想了。叶圣陶1972年9月在给一位语文老师的回信中说："我要给你提个小意见，字要写得端正清楚些……字不好不要紧，笔画不清楚，叫看的人费心力眼力，就不合乎群众观点了。"在大力推行素质教育的今天，我们更应该把改变字风、规范写字作为一项重要内容。我们高兴地看到，已有不少中小学生能写一手好字，但是字写得潦草以及写错常用字的学生（包括大学生和研究生）仍占相当高的比例。所以，一定要通过教师及学生双方的共同努力，加强训练，逐渐形成写字端正清楚、先对后快，既对又快的良好习惯。

常查词典的好习惯

众所周知，任何一本高质量的词典都不是一个人或少数几个人所能编撰完成的。目前，在全国各地的新华书店都可购到不同版本的词典，但需要甄选其中的珍品。有的人没有搞懂"东山再起"、"豆蔻年华"、"万人空巷"、"不刊之论"、"美轮美奂"、"差强人意"等成语的真正含义，在说话或写文章时就闹出了不少笑话，有时甚至还会把自己弄得很尴尬，所有这些，其实只要一查词典，就全都明白了。经常查阅词典，就等于生活在一大批德高望重、学识渊博的专家身边，随时可以请教，这等好事，何乐而不为？

善于自学的好习惯

知识的学习和能力的提高是永无止境的，每个人都应该活到老、学到老。在学校里有老师指导，但人的一生在学校里度过的时间只占一小部分，大量的时间不是在学校里。走上社会工作岗位之后，主要应靠自学。实践证明，通过自学而掌握的东西点点滴滴在心头，往往更有利于指导自己的工作和生活。善于自学的好习惯不应该等到离开学校之后才去培养，必须在学校期间就养成，而且越早越好。

　　叶圣陶所提出的种种学语文的好习惯，全都与青少年学生语文素质的发展提高密切相关，所以，他的一系列正确主张，绝大多数都已被教育部写进了语文课程标准之中。我们希望所有教语文的老师和学语文的学生都要十分重视语文好习惯的培养，因为只有养成了这些好习惯，我们的语文教学才能真正走出"少、慢、差、费"的沼泽，尽快进入"多、快、好、省"的坦途。

地位与影响

对文学的贡献

现实主义：生活的镜子

　　现实主义是叶圣陶最为鲜明的特点。叶圣陶是现实主义写作的先驱之一。他的作品如同一面镜子，反映了社会的阴暗面和人性。

　　因为是一名教育家，在叶圣陶的作品中，他记述了许多知识分子，他们中的许多人是被剥削者，是没有能力反抗的社会底层的人。叶圣陶在他的作品中一贯反映着真相与现实。他在自己的小说如《火灾》、《线下》和《稻草人》中表达了自己的民主的和社会主义的思想。这些文章聚焦于社会底层人民的痛苦生活。他的广受赞誉的小说《倪焕之》就记述了一位知识分子的悲情生活。

　　叶圣陶发现新中国的很多人是自私、冷淡、伪善和保守的。人们为了安稳的生活放弃了自己的人生价值。叶圣陶在作品中讽刺了这些人。他表达了自己的不满，希望唤醒人们的知觉并正视这些社会顽疾。叶圣陶不仅写故事，而且报道社会的谬误。他的作品不是用来消遣，而是用认知和对现实的思考来填充人们的余暇。写作的基础是一双有洞察力和善于观察的眼睛，而我的眼睛却不怎么拥有洞察力……当然，没有必要以写作为目的训练一个人的眼睛，对于眼睛的训练，是为了洞察现实，丰富生活。

儿童文学：培养年轻的心灵

　　叶圣陶的第一篇关于儿童文学的学术论文题作《儿童之观念》，批评了中国儿童受到的坏影响。

事实上，叶圣陶是 20 世纪 20 年代第一位写童话的作者。他的作品《稻草人》于 1923 年出版。这部儿童读物在许多青少年当中极受欢迎。另一个作品《古代英雄的石像》，讲述了一块石头被雕刻成英雄的形象的故事。这个简单易读的故事背后的寓意是嘲笑专家的傲慢自大与人们的麻木。

叶圣陶的学生丁玲曾经称赞他的童话能够启迪人们对社会更多的思考。叶圣陶的童话是简单的，但是却拥有着深刻的内涵。他相信儿童对周围环境拥有个人看法，所以应当提高他们的批判能力。通过叶圣陶的故事，孩子们可以逐渐获得这个社会与他们之间关系的清晰认识。

语言与修辞

叶圣陶的语言是简练而感人的，他以用恰当的词语表述自己的能力而出名。叶圣陶在他的报道中强调感觉与情感。人物在叶圣陶的笔下鲜明活泼，他深深的洞察到人物的内心世界。知名作家赵景深盛赞叶圣陶是写作界的异数，拥有着杰出且惊人的才能。他的优美文章持久而韵美的留存于世。他表达的情感和感觉构筑了真相与现实的基础，也使他的文章充满无穷的力量。"情感如同忽明忽暗的灯火，但是记述却因为这灯火而引人注目"，叶圣陶说。这段谈话一定程度上体现了叶圣陶不仅是一位善于讲述故事的人，他更是一位艺术家。

注入外语元素

叶圣陶的现实主义写作形式成为许多作家效仿的对象。他承认阅读一些西方小说家的作品，对他的写作助益良多，"如果我没有阅读英文，如果我没有接触英文渎物，我就不会写作小说。"他的作品是反思与思辨的。这些不只依靠感知，而且依靠切实而客观的观察。叶圣陶不仅是一位作家，而且是一名新闻记者。对现实的观察成为了他写作的源泉，他为中国现代文学开创了一片新天地。

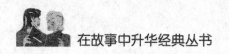
王 韬

生平简介

王韬，初名利宾，字紫诠，号仲韬，江苏长州（今吴县）人，清代晚期教育家，生于清宣宗道光八年（公元1828年），死于清德宗光绪二十三年（公元1897年），活了70岁。

王韬出身于秀才，少年时期性情轻佻明达，通西学，有见识。1849年（道光二十九年），他曾到上海墨海书馆当雇员近13年。1860年（咸丰十年）5月，太平军攻陷松江，他向苏松太道吴煦建议，建立洋枪队进攻太平军。洋枪队被打败后，他又投太平军为李秀成的参谋，他曾向李秀成提出放弃江浙转战陕甘，然后以陕甘为根据地虎视全国的建议。由于李秀成舍不得江浙地区而未被采纳。他又上书向李秀成提出和好洋人，智取上海的建议，也被李秀成将书弃于床下，置之脑后。太平军失败后，他被清政府通缉而逃往香港，后游学英、法、俄等国。1874年（同治十三年），他在香港创办了《环球日报》，自任主编，主张变法图强。晚年时期，他在香港自称天南遁叟，回上海后，任格致书院山长和申报主笔。

王韬在教育上主张废八股诗文（时文），建立学校，以便造就真正的人才。要造就真正的人才，学校除了学习经史、掌故、词章等外，还须学习舆地、格致、天算、律例等艺术学科。因为"舆图能识地里之险易，山川之厄塞，格致能知造物制器之微奥，光学、化学悉所包涵。天算为机器之权舆（开始），律例为服官出使之必需"（王韬《韬园文录外篇》"戊戌变法"（一）139～141）。

王韬所译著的书籍有《普法战记》、《淞隐漫录》、《遁窟谰言》、《瓮牖余谭》、《韬园文录外编》、《韬园尺牍》等。

容 闳

容闳，字纯甫，澳门人，清代晚期的资产阶级改良主义者，教育家。生于清宣宗道光八年（公元1828年），死于民国元年（公元1912年），活了85岁。

容闳是我国最早接受西洋资本主义教育的人物之一，也是我国近代史上第一个留学美国的学生。1841年（道光二十一年），他进入美国传教士在香港建立的马礼逊学校读书，毕业后，跟随勃朗到美国孟松学校研究英文、算学、心理、生理等科学。后来他又进入耶鲁大学，以当雇佣工人所得的工资去缴纳学费。1854年（咸丰四年）毕业，1855年（咸丰五年）回国，先后担任香港高等审判厅译员、律师、上海海关翻译、英商公司书记等职务。1859年（咸丰九年），任上海宝顺洋行丝茶采购，1860年（咸丰十年）到南京，会见洪仁玕，向洪仁玕提出了七条新政建议，但拒绝接受洪仁玕授以的"义"字四等爵。1863年（同治二年），受曾国藩的委派，赴上海高昌庙寻找地基建立江南制造局，并随美国机械工程师哈司金到美国非支波克城朴得南公司购订机器，因遇南北战争，只好暂入美国籍，为美军效劳。1865年（同治四年）春天运回机器，得五品官衔，以同知候补江苏省。1867年（同治六年），向清政府建议，组织合资汽船公司，禁止教会干涉人民词讼，限制外国势力侵入。1874年（同治十三年），赴秘鲁调查华工的生活待遇，并拍摄华工受鞭打、被烙铁烙、伤痕斑斑的照片24张回国，使秘鲁驻中国大使大为惭愧。1894年（光绪二十年）甲午战争，他向张之洞上书，建议向英国借款1500万，购买铁甲舰三四艘，雇用外国兵5000，由太平洋抄袭日本之后，以分散日本在朝鲜的兵力，使其首尾不能相顾。同时，他又建议清政府派遣官员，将台湾全岛抵押给西欧各国，以换取借款四万万美金，作为海陆军继续战斗的费用，均未得到采纳。他又曾介绍孙中山向李鸿章上书，也没有得到结果。戊戌政变后，康梁逃亡日本，容闳避居上海租界，于1900年（光绪二十六年）参加唐才常主持的张园会，被选为"中国国会"会长。1901年（光绪二十七年）游历台湾，第二年返回香港，以著书为乐，不久，死在香港。

容闳一生以改变中国的教育落后状况为己任，他曾向太平天国和清朝政府提出过改革教育的合理建议。当他1860年到南京时，在向洪仁玕提出的七条新政建议中就有四条是关于发展教育事业的意见。如第二条："设武备学校，教成有识军官"；第三条："建海军学校，以综水师"；第六条："颁学校定则，以耶稣圣经为主课"；第七条："广设实业学校，收天然之利"（均见《清代七百名人传·容闳传》）1867年，曾国藩任两江总督，容闳曾向他建议，设立兵工学校，以造就工程师。接着，他又制定四项教育规程：①出洋留学的学生名额数；②设立留学生预备学校；③筹定留学经费；④酌定留学生的出国留学年限。这些建议都得到了曾国藩和丁日昌（江苏巡抚）的赞同，并奏请清政府批准，命令各省派留学生赴英国留学。由陈兰彬和容闳担任留美学生监督。1874年（同治十三年），容闳接受李鸿章的命令，在美国哈特福德的克林街，建造中国留学事务所，其课堂宿舍都很齐备。容闳在担任留美学生监督期间，做了一些有利于留学生接受西方科学和资产阶级思想的工作，较受留学生的欢迎，但到1875年（光绪元年），陈兰彬被提拔为中国驻美公使，容闳为副公使兼留学生的监督。接着清政府派顽固保守分子吴子登顶替陈兰彬任监督。从此容闳就开始受到诽谤和攻击。吴子登一到美国，就向清政府告容闳的状，说他纵容留美学生追求资产阶级民主、反对清政府。容闳因此受到李鸿章的责备，被解除了留学生监督的职务，专任驻美副公使。当时，正遇美国施行华工禁约，陈兰彬、吴子登乘机解散留学事务所，撤回已派往美国的90名留学生。容闳因有庇护留学生的嫌疑，也不敢为留学生作辩解。因此，第一批留美学生还没有完成学业，就被封建顽固派断送了。

容闳的译著有哥尔顿氏《地文学》、派森氏《契约学》、美国订正的《银行法律》、《西学东渐记》22章。

吴汝纶

　　吴汝纶，字挚父，安徽桐城人，清代晚期教育家。生于清宣宗道光二十年（公元1840年），死于清德宗光绪二十九年（公元1903年），活了64岁。

　　吴汝纶少年时期家庭贫寒，但读书努力。他曾将得来的一个鸡蛋去换松脂，在燃着的松脂下苦读诗书。他喜好文学，很早就有了名声，是桐城古文学派的后期人物。公元1860年（清文宗咸丰十年）他考中举人。1865年（清穆宗同治四年）考中进士，当了内阁中书。曾国藩很称赞他的文章，留他参与幕府，常把他和汉朝的祢衡相比拟。曾国藩死后，又入李鸿章的幕府当机要秘书，有关中外大政方针的奏疏都出自吴汝纶之手。接着，调任深州知州。由于他的父母双亡，在守丧期满后，再调任冀州知州。他在当州官时，统治人民以教育为先，不怕权贵。他把深州各村庄被土豪劣绅侵占的1400余亩学田收归书院所有，利用学田的收入作学生们读书的灯油费用，并聚集深州管辖的三个县的高才生，亲自教授课业。人民都忘掉了他是个官吏，而公认他为大都师。他到了冀州，仍然继续兴办教育，使深冀二州的文教事业，大大地超过北京城。他还聘请有文才的贤能之士10余人，时常会集在书院讨论一州的兴革大事。李鸿章很器重他，在他称病请求退休时，又聘请他主讲莲池书院。他的教学内容主要是中国的经史之学，并且还吸取西学的长处加以补充。他在教学中总是勤勤恳恳地诱导学生，1902年（清德宗光绪二十八年），京师大学堂复校，管学大臣张百熙推荐他为教务长，并加封为五品官衔，吴汝纶上任后，便请求到日本考察学制。他在日本考察三个多月，回国时还特地聘请了日本教师同来我国教学。但就在这时，他因请假回家探望父母的坟墓，在桐城家乡准备办一所小学堂，刚拟好计划，忽于1903年（清光绪二十九年）正月腹部膨胀而死。

　　吴汝纶既博通中国的经史子集，又喜好西学，还很会写文章，常和西方人士交往，深受日本学者仰慕，不少人渡海来中国向他请教。但吴汝纶迷信西方医学达到了狂热的程度，"他在写给廉惠卿的信中说：'医学西人精绝，读过西书，乃知吾国医家殆自古妄说。'他劝阻尚敬甫不要找中医看病，认为那是把'千金之躯委之庸医之手'。最奇怪的是，他对金、元、明三朝的名医李东坦、刘河间、朱丹溪、张景岳的医学理论，表示出极端仇视的情绪，'故河间、丹溪、东坦、景岳诸书，尽可付之一炬'。"（1981年8月《羊城晚报》、《吴汝纶之死》）这是彻头彻尾的民族虚无主义。由于他迷信西医，仇视中医，所以，当他腹胀病极端严重时，坚持不请中医看病，而请了一个略懂外科不懂内科的美国传教士来临榻送终。

吴汝纶著有《易说》二卷，写定《尚书》一卷，《尚书故》三卷，《夏小止私笺》一卷，《文集》四卷，《诗集》一卷，《深州风土记》22卷。

陆润庠

陆润庠，字凤石，江苏元和（今吴县）人，清代晚期教育家，生于清宣宗道光二十一年（公元 1841 年），死于民国四年（公元 1915 年），活了 75 岁。

陆润庠是同治十三年（公元 1874 年）状元，任翰林院编修。光绪初，他多次主持湖南、陕西乡试。入南书房后，再提拔为侍读，向各王子传授经书或奉旨撰集文章，继而出任山东提督学政。他的父亲陆懋修是个有名的医生，他的父亲死后，陆润庠又再升为国子祭酒，主持江西的乡试。1896 年（光绪二十二年），在两江总督刘坤一的支持下，他在苏州创建了苏纶纱厂和苏经丝厂。1898 年（光绪二十四年），他被提拔为内阁学士，代理工部侍郎。慈禧太后逃往西安，陆润庠同行，被授予礼部侍郎衔，充任经延讲官。1906 年（光绪三十二年），西太后又提拔他任左都御史，管理太医局，典顺天府乡试，任会试的副总裁，代理工部尚书。1910 年（宣统二年）调任东阁大学士。1911 年（宣统三年），任弼德院院长，毓庆宫授读，皇帝典学顾问大臣。辛亥革命后，他被留在清宫内当溥仪的老师。

陆润庠的思想保守。他在政治上主张停办国会，恢复谏院；停办审判，恢复捕役；停办镇兵，恢复巡防队。一句话，他要求停办新政，恢复封建旧政。在教育上，他的主张有三点：①提倡读经。他认为学堂"必须阐明经术，'提倡正学'，不能聘请外国人作教师，若聘请外国人，语言不同，服装不同，喧宾夺主，将来就会引起圣教的消灭，造成朝廷的忧患。②反对向国外派遣留学生。他认为留学生没有读过中国的古圣经传，不懂古代的道德风尚，对西方的学问也只不过"袭人皮毛"，就在那里奢谈民权与革命，"布其党徒，潜为谋主"，这简直是包藏祸心。若让这种邪说盛行，"遍播中外"，久而久之必然导致根本动摇，"民生涂炭"。③反对兴学校。他说，由于学堂的设立，所聘请的教师都不通晓圣经贤传，所采用的教科书，仅足以启发愚蒙。废除五经不读，其祸害与秦始皇焚书坑儒没有两样。暑假、星期天，学生毫无拘束，对于血气未定的青年，岂不结党营私，为非作歹吗？于是，他提议停办中小学堂，仍用科举取士。

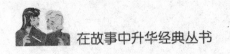

郑观应

郑观应，字陶斋，原名官应，广东香山人，清代晚期教育思想家。他生于清宣宗道光二十二年（公元1842年），死于民国九年（公元1920年），活了79岁。

郑观应自幼饱读古书，但从1860年（清文宗咸丰十年）起，他就舍弃科举仕进的道路，学习西方的语言文字，积极从事商业活动。他曾在英商宝顺洋行和太古轮船公司当过办事员，后与洋商合伙创办公正轮船公司及各通商口岸的揽载行，经历30余年。在洋务运动中，他与大官僚彭玉麟、大买办盛宣怀、美国传教士李提摩太等都打过交道。1882年（光绪八年）以后，郑观应先后担任过招商局帮办、会办、董事，粤汉铁路总办，汉冶萍轧铁厂、通商银行、红十字会等企事业负责人，满清王朝赠与他"道员"的官阶。在1884年（光绪十年）的中法战争中，他曾为彭玉麟部队采购军火，又曾到越南、暹罗（即现在的泰国）、以及新加坡、槟榔屿刺探敌情。1900年义和团起义，郑观应与容闳、严复等组织自立会，为首席干事。1908年，他曾向满清朝廷上书，请求迅速实行宪政，他又参加上海的预备立宪公会为会员。

郑观应一生虽然没有从事过教育实践活动，但他在《盛世危言》一书中，提出了较为系统的教育主张，为当时的广大知识分子提供了资产阶级的教育理论利实际知识，对清末"新教育"的推进起着重要作用。

第一、关于教育起源的观点。郑观应指出："教养之道，……兆基于蓁莽之世"。意思是说，教育的道理和方法，在原始社会就开始了。因为人们在原始社会的生产过程中就开始制造工具和使用工具，老年的人和聪明的人为了把制造工具和使用工具的方法传递给青年的人和愚昧的人，就开始了教育。接着，郑观应又指出：后来，人们建立起国家，作为国家的领导者——"圣人"，便设立学校来培养人才，授井田来教民耕种，把对"生民"的教养视为国家的一项重大任务。封建专制出现以后，统治者从自私自利的立场出发，认为天下愚昧的人不可能变为聪明的人，"民可使由，不可使知"，把一切文化垄断在自己手里，对人民施行愚昧政策，其目的是使人民不反抗他们的残暴统治。像秦始皇那样焚书坑儒、愚昧人民，像明代以来的科举制度那样禁锢知识分子，把一切开导人们聪明、启发人们智慧的教育事业丢开了，才弄得人们乱七八糟，没有教养。从世界各国来看，由于英、法、德、美教养有道，所以当时兴旺强盛，由于印度、缅甸、暹罗"教养失道"，才弄得朝野上下，不思振作，而先后沦亡。郑观应在这里强调了教育的重要。

第二、废科举兴学校的主张。郑观应从国家兴亡的角度出发，主张废科举、兴学校。他认为，以自然科学为主要内容的新式学校是国家富强的根本。他在《盛世危言》中说："废八股之科、兴格致之学、多设学校、广植人才"。又说，"学校者，造就人才之地，治天下之大本也"（《学校》），"学校者，人才所由出，人才者，国势所由强，故泰西之强、强于学，非强于人也"（《西学》）。

郑观应所提倡的学校分三级：设在州县的为小学，设在省、府的为中学，设在国都京城的为大学。学校还要分文科和武科：文科分文学、政事、言语、格致、艺学、杂学六科；武科分陆军、海军两科。为了发展"商务"，他又主张在商务局中，兼设商学，教富商子弟学习。为了开发"技艺"，他还指出，"工艺之学，不能不赖于读书"。因此必须"广开艺学。"在这种艺学堂里，郑观应认为，必须"以格致为基，以制造为用"（《盛世危言·技艺篇》），选择聪明通文理的儿童入学，并聘请西方各国的名教师来传授课业。

第三、"中学为体、西学为用"的教育主张。郑观应对中学和西学有独特的见解，他认为"西学"出自"中学"。所谓"中学"就是当时西方各国盛行的各种科学，如化学、重学、光学、气学、电学等。这些科学是我国古代的发明传到欧洲去经过发展而成，应属"中学"的范畴，当以它们为体。所谓"西学"不外是西洋的语言文字，它们是学术的末流，当以它们为用。基于这种思想，郑观应与洋务派不同，他主张"用夷变夏"，学习西方的真正富强之学，即是以"育才于学堂，论政于议院，君民一体，上下同心为体，而以轮船大炮、洋枪水雷、铁路电线为用"（《盛世危言·自序》）。也就是说他在政治上主张君主立宪，要求实现资产阶级的民主主义，在教育上主张开办西方资产阶级的学校，学习各种自然科学和艺术科学。

第四、主张强迫义务教育，设立聋哑学校。郑观应很称赞德国的强迫义务教育制，他说德国的大小学校，有一定的次第。为贫家子弟办的乡塾在乡村中普遍建立起来，无论贫富贵贱，凡是儿童满五岁以上的必须入学，不入学的罪其父母。聋哑学校是为聋哑儿童设立的，目的在于使"聋瞽喑哑残疾之人，亦莫不有学，使习一艺以自养其天刑之躯"（《盛世危言·学校篇》）

第五、提倡女子教育。郑观应对女子无才便是德，女子不能就学的庸俗观念深为不满。他根据西方各国男女受教育平等的思想，提出了"广筹经费、增设女塾、使女子入学读书"的主张。他斥责女子裹脚是"酷虐残忍、殆无人理"，认为把裹脚的功夫，用在学习上，女子的聪明才智并不会比男子低。

郑观应的主要著作是《盛世危言》，这部著作系统地反映他的教育思想。

盛宣怀

盛宣怀，字杏荪，号愚斋，江苏武进人，清代晚期买办官僚，教育实践家。生于清宣宗道光二十四年（公元 1844 年），死于民国五年（公元 1916年），活了 73 岁。

盛宣怀以秀才的资格买了个主事官，当过直隶州知州，1870 年（同治九年）入李鸿章幕，1873 年（同治十二年）当轮船招商局会办，1879 年（光绪五年）代理天津道道台。1880 年（光绪六年）办电报局，1884 年（光绪十年）任天津海关道台，1886 年（光绪十二年）任山东登莱青道台，1892 年（光绪十八年）受张之洞推荐，被提拔为四品京堂，督办铁路总公司，并请求开设银行、设立达成馆等，很合皇帝旨意，补为太常寺少卿。接着，他又筹办华盛纺织总厂、接办湖北汉阳铁厂、兼办芦汉铁路等。1898 年（光绪二十四年），因建议向英国贷款办铁路行为迟缓，被人苛责，自动要求解除职务，留在京师讨论洋货税收。1900 年，义和团起义，八国联军借机大举侵略中国，盛宣怀倡议东南互保，并电奏下密令镇压人民革命，义和团运动被镇压下去之后，盛宣怀被加封为太子少保，宗人府府丞。1901 年（光绪二十七年）充当办理商税事务人臣，1902 年（光绪二十八年）任工部左侍郎和会办商约大臣，出卖铁路权利和矿山权利。1904（宣统二年）充任红十字会会长，邮传部尚书。1911 年（宣统三年）充当皇族内阁邮传部大臣，大借外债，出卖川汉、粤汉铁路主干权益，激起全国性的铁路风潮。资政院见风潮势不可遏，被迫宣布盛宣怀"侵权违法、罔上欺君，涂附政策、酿成祸乱"（《清代七百名人传·盛宣怀传》），以宣统皇帝的名义下令剥夺他的职务，辛亥革命后，他逃亡日本，于 1916 年病死。

盛宣怀在教育上的贡献是分别于 1895 年（光绪二十一年）和 1897 年（光绪二十三年），在天津创办头二等学堂，在上海创办南洋公学。

天津头二等学堂是我国最早的、西洋化的普通学校，也是我国分级设学的开始。头等学堂课程四年，第一年学完普通学科，专门学科的开设要根据学生的兴趣爱好。专门学科有五门：一是工程学；二是电学；三是矿务学；四是机器学；五是律例学。二等学堂的课程也学四年，按照班次逐渐升级，读满四年就升入头等学堂。二等学堂相当于外国的中学，头等学堂相当于外国的大学。因为我国是初次设立这种学校，所以采取变通求速的办法。由于缺乏教员，招生也不能择优录取，所以这个学校没有多大成效，后改名为天津北洋大学堂。

南洋公学由满清王朝批准而创办得名。它分为四院：一是师范院、二是外院、三是中院、四是上院。外院属于小学性质，为师范生的实习场所。中院和上院属于中学堂和高等学堂的范畴，有二等、头等学堂的意思。课程大致可以分为中文和英文两部，而其中以法政、经济两科特别受重视。上院毕业生的优秀者可选送出国，到各国大学留学，包含有以外国大学为最高学府，以南洋公学为预备学校的意思，为我国教育有系统的开始。后改归邮传部管辖，定名为高等实业学堂，是上海交通大学的前身。

盛宣怀的著作有《愚斋存稿》及《盛宣怀未刊信稿》。国家所用，而当前国家所用的人才又不是科举选拔出来的，这是不得已而用之。要想克服这些弊病，"莫如使取与用出于一"。要想使"取与用出于一"，就得使已被录取的举人、进士、翰林等都去学习有用的东西，即经世之学。所谓经世之学不外二种：一种政事、一种艺术。朝廷应当命令学士以下的读书士子，各人按照自己的兴趣、爱好，分别研究有用的学问，以备需要时运用。这样造就出来的人才，必然会有超出学堂之上的。

陆宝忠

陆宝忠，字伯葵，江苏省太仓县人，清代晚期教育家。生于清宣宗道光三十年（公元 1850 年），死于清德宗光绪三十四年（公元 1908 年），活了59 岁。

陆宝忠于光绪二年（公元 1876 年）中进士，改翰林院庶吉士。光绪五年（公元 1879 年），翰林院庶常馆修业期满，授编修。光绪十一年（公元 1885年）任湖南学政。光绪十五年（公元 1889 年）八月，调任侍讲学士。二十一年（公元 1895 年）五月，当日讲起居注官。七月，转任侍读学士。二十二年（公元 1896 年）七月，授詹事府少詹事，11 月，升为詹事，12 月，提拔为内阁学士兼礼部侍郎。二十三年（公元 1897 年），当山东乡试正考官，继任浙江学政。二十六年（公元 1900 年）八月，授兵部侍郎，9 月，任顺天府学政。二十八年（公元 1902 年），顺天府乡试借河南某处做试院，陆宝忠以学政充当监督。同年 12 月，授都察院左都御史。三十二年（公元 1906 年）正月，代理礼部尚书。三十三年（公元 1907 年）正月，当国史馆副总裁。同年9 月，光绪帝下令禁烟，严令陆宝忠迅速离职戒绝。三十四年（公元 1908年）正月，戒掉大烟复职。四月，因病逝世。

陆宝忠得势于义和团运动和八国联军进攻中国之后。那时满清王朝企图通过一些非根本性的变法来收买民心，他顺应朝廷的需要，在教育上提出了一些改革意见。

（1）广设学堂。他在光绪二十六年（公元 1900 年）九月上朝廷的奏折中建议："整顿大学堂、多设蒙小学堂，并宜为八旗设学以开风气。又请裁撤武科，广设武备学堂"。（《清代七百名人传·陆宝忠传》）

（2）学堂奖励的办法。陆宝忠不同意《钦定学堂章程》和《奏定学堂章程》关于小学、中学、大学毕业分别奖给秀才、举人、进士或分别命以翰林主事、中书和知州、知县等官的办法。那只不过是学堂开办之初的"势不得

不然"（同上）。如果国家广设学堂，全国人民都入学，那么。数十年之后，天下的读书人多得不计其数，倘若每个读书人都要封官，那就会毫无意义了。他认为，凡学生毕业，应当严格考试，给以学士、博士的称号，而不要给予官职。到了衙门需要人才的时候，再按世界各国选拔人才的办法，根据学者本人的专长去考选该项官职一达到所用出于所学的目的。

（3）迅速培养教师。陆宝忠认为，办学以教师为重要。然而，单靠师范学堂的培养又远不能满足变革的需要，必须广设师范传习所，由学政指派教习，大量招收廪贡生员，自备膳费，入传习所经过短期训练，毕业后发给文凭，充当蒙小学堂教习。倘有未经传习所短期训练，而经过自学，懂得教学方法，禀明学政考查合格，也一样发给文凭，充当小学教师。

（4）对教师的优待。陆宝忠建议，对自愿退职的一般师范毕业生，只要参加工作后任职 15 年或年满 60 岁以上而又无过失的，都参照日本发给全部或一部分生活费的精神进行赡养。对于师范学校的教师，在服务 15 年的过程中没有过错，他自愿不继续作教师，要分别给以教授、教谕、学正、训导等官职，这种学官可以管理学堂。

（5）国文外文兼重。陆宝忠认为，世界各国文字，以中文为最难最难，最聪明的学生也要十余年才能过关。如果小学生入中学堂后，不再深研中文，到大学学习语文、文学就难以学好。所以，应责成学政纠正各省中学堂偏重洋文不重中文的倾向。

（6）注重实业教育。陆宝忠主张，各州县小学堂以上，多设实业学堂。如商学、农学、工学、蚕学、林业学、渔业学等。通过这些实业学堂的教育，使全国青少年的大多数能够人人自养。除此之外，各乡镇蒙小学堂以上，应多设寻常小学堂，吸收家贫无力升学或者学生本人资质鲁钝的入学，使他们毕业之后，能够自谋生活，而不至于游手好闲，无所归宿。

（7）普及教育。陆宝忠考虑到，要普及教育，只靠官办学堂是不够的。除此之外，还必须鼓励公办（集体合办）和私办。他建议，凡是地方上的大财主有能力独办和筹集资金合办学堂的，只要他们采用文部（相当于教育部）颁定的教科书，遵照文部规定的教学方法，而且办得着有成效，就应该由地方呈报学政，经派督学查验，分别给以虚的官衔和封赠。其学校毕业的学生，准于参加国家考试并逐级升学。对于私塾，可由有钱之家聘请教师来教育自己的子弟，也可由教师招收学生自行设学，不必强求一概归入学堂。但这种私塾教师必须有师范文凭，必须遵照文部的章程，改良教学方法。蒙小学堂是最关紧要的基础教育，必须强迫全体儿童入学，"凡七岁以上不入学者，罪其父兄家长"（《清代七百名人传·陆宝忠》）。幼稚园与家庭教育密切联系着，各省、各府、厅、州、县应下令多多筹建，因为这是国民教育的起点。

（8）严格考察。陆宝忠主张，对于地方官办学的勤奋和懒惰，应由学政和督抚共同考察三年，以设立蒙学堂的多少辨别其高下。对于各学堂的记分册，平时应由学员审查批注，到了期末，经过主考官测验不符合的，教员要受处分。到了毕业，经过文部派遣的学政测验不符合的，主考官要受处分。对于各小学堂学生，学政应随时派人考查测验。如中学堂学生有不合格的，要勒令他退入小学堂；如小学堂学生有不合格的，要命令他退入初级小学堂。各省的高等学堂由学政自行考察，有不合格的学生，要按照其学级程度退回原籍的中小学堂补习。他认为，当时高等学堂的学生合格的人很少，应杆时改为初级师范或高等学堂的预备科，等到各府中学堂或各高等学堂预备科的学生毕业后，再办高等学堂，以便名实相符。

（9）编选教科书。陆宝忠批评当时的教科书体例不完善，不敷教授，建议文部号召精通教育的人员和出洋留学的学者，分别编写各种粗浅的教科书，经文部审定后，给予出版权，使之得到专利。或由国家买回其版权，刊发各省排印。如果各省已出版的教科书中，有比较适用的本子，学政可加以选择，汇送文部审定，刊发各科书目和提要，进行推广。

（10）学习外国的教授方法。陆宝忠批评《奏定学堂章程》规定的教授通法太略，应该迅速翻译东西各国中小学堂的教授法专门书籍，结合中国当时的实际情况，经文部审查核定，颁行各省。

陆宝忠长期在清政府担任学官，对当时教育的状况比较了解。他为了顺应当时形势的发展，向满清王朝提出了一些改革教育的主张，这些主张虽未完全实现，但对当时教育的发展仍然产生过一定的影响。

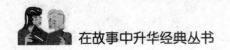

张 謇

　　张謇，字季直，江苏南通人，清代晚期立宪派、资本家、教育家。生于清文宗咸丰三年（公元 1853 年），死于民国十五年（公元 1926 年），活了 74 岁。

　　张謇出生在江苏海门常乐镇，祖祖辈辈都务农，从他父亲张润之起才初识几个字。张润之所生五个儿子，其中以张謇最聪明，从小送入学堂读书，16 岁参加州里考试，名列 100 多人之外，同县一个姓范的书生才十五岁，竟然考中第二名，所以，乡邻们都讥笑张謇没有出息。他的老师也说：你这小子有什么希望，如果有 1000 人参加考试，取九百九十九名，也取不中你。张謇听了十分怨恨和愤怒，把"九百九十九"五个字连写若干遍来戒惧自己。在睡觉时，他用两根竹竿夹着发辫，只要一翻身就会醒来，一醒来便发愤读书。采取这种办法刻苦求学，经过六个月的努力，他去参加院试，结果考中前几名。张謇三辈人都没有功名，这类人家叫做冷籍。若要参加考试，必须由同族士绅作保。张謇为了找到适当的保人，才不得不把户籍寄托在如皋县。当他取得功名以后，为了摆脱担保人的欺压，他又不得不把户籍迁回原籍。由于张謇吃了五年官司，弄得倾家荡产，只好逃到 130 多里之外去避诉讼。张謇二十四岁那年，到江宁、入惜阳书院读书，提督吴长庆闻听他的大名，聘请入幕中作幕僚，并随吴长庆到朝鲜平息内乱。回国后，张謇在家中供养双亲，一方面努力治学，另一方面积极参与减捐税，办团练，提倡蚕桑等事业。42 岁，张謇考中状元，居住北京。有一天，皇太后出外回朝，遇着大风大雨，八九十岁的大臣都跪在路上迎接。虽然渍水淹没了小腿，也颤栗地伏在地上而不敢抬头看一眼。张謇长叹道，这不是有志之士干的事情。于是辞官不做，决计回家振兴实业，以挽救国家的贫弱。他的实业活动是从 1895 年（清德宗光绪二十一年）开始的，到 1899 年（清德宗光绪二十五年）在南通建成太生纱厂，接着又开办通海垦牧公司，大达轮船公司，复新面粉公司，资生铁冶公司，淮海实业银行等。此外，如江苏省的铁路公司，大生轮船公司，镇江大照电灯厂等企业也有他的投资。张謇还积极参与清末的立宪运动，1909 年（清德宗光绪三十四年）被选为江苏省咨议局议长，1912 年（民国元年）任南京临时政府实业总长，袁世凯篡权以后任农商部长，1926 年（民国十五年）病死。

张謇不仅兴办工厂，为了给工厂培养技术人才和熟练工人，他在 20 多年中也办了不少学校。这些学校有：女子师范校、通海五乐中学、银行专修校、国文专修校、测绘学校、土木工校、河海工程专门学校、法政传习所、巡警教练所、女工传习所、商业学校、南通大学农科、医学专门、纺织专门、伶工学校、教养公积社、盲哑学校、博物院、图书馆、气象台、吴淞商船学校、水产专门学校、东台母里师范学校等。其中，以 1902 年（清德宗光绪二十八年）所建立的通州师范学校尤为重视，他常说："家可毁，不可败师范"（《教育大辞书》）。他在 1903 年（光绪二十九年）四月一日，通州师范的开学典礼上说："欲雪其耻，而不讲求学问，则无资。欲求学问，而不求普及国民之教育，则无与；欲教育普及国民，而不求师则无导。故立学须从小学始，尤须先从师范始"（同前）。

张謇所办的通州师范是我国民办师范学校的开始，他在《通州师范学校议》一文中，对通州师范学校作了说明。他指出：通州师范为寻常师范学校，它的培养目标是造就小学教师，它的招生对象是"贡监廪附五项生员"（即贡生、监生、廪生、增生、附生），它的入学年限是"以十八岁至三十岁为限"。它的课程设置分本科和随意科：本科"与练习所授高等寻常两小学校之学科"，随意科"为政治经济学、农艺化学、英文三科"。学校内的清洁卫生由学生打扫，以便为适应小学生洒扫、应对、进退的教育，而培养学生的表率作用。关于师范生的费用，张謇认为，通州师范属于民办性质，由于中国国势贫弱，其他经济来源无望，所以"不得不酌收膳费"。虽然入学的人中，贫穷的占多数，也得自己负担半费，学校补助一半，劝告师范生的父兄、宗族、亲友协助解决。关于通州师范的校舍器具，张謇参照日本学校的设备条件，拟定"通州师范学校诵堂三、特别教室二"，长可超过三丈三尺，宽可多于二丈四尺，窗户不止于一尺四。书桌和凳子仿照日本的制造，但可稍长、稍宽、稍高。宿舍兼自修室，有平房、有楼房。每间长一丈二尺，宽一丈三尺，高一丈或一丈一尺。其他如盥洗室、饭堂、厕所之类的建筑也仿照日本并结合中国习惯建造。

张謇的遗著有《张季子九录》、《张謇函稿》、《张謇日记》、《啬翁自订年谱》等。

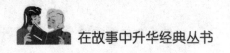

张伯苓

张伯苓原名寿春，天津市人，民国时期资产阶级教育家。生于公元1876年（清德宗光绪二年三月十一日），死于公元1951年，活了76岁。

张伯苓出生在腐败的满清王朝末年，当时的中国已陷入半殖民地半封建社会的深渊，民族危机日益严重。他为了救亡图存，于1891年（清德宗光绪十七年）入北洋水师学堂学习驾驶，希望以武力救中国。1894年（清德宗光绪二十年）中日甲午战争发生时，张伯苓正在海军军舰上服务，亲眼看到北洋舰队的惨败，受到很大的震动，认为要使国家富强，必须兴办教育。于是他弃武就文，先到天津一个绅士严范孙家里做家庭教师，后到富商王奎章家中教家馆。1904年（清德宗光绪三十年），张伯苓随严范孙到日本考察教育，参观日本的各级各类学校。回国后，他仿照日本的教育制度，将严、王两家私馆合并成立私立敬业中学堂。1907年（清德宗光绪三十三年）改名南开中学堂。1909年（清宣统元年）张伯苓加入基督教，后在天津办过教堂，当过天津基督教青年会总干事。1917年，张伯苓留学美国，入哥伦比亚大学师范学院学习，并考察美国的教育情况，回国后又推行美国式教育。1919年，他开办南开大学，设文、理、商三科，周恩来总理就是这个学校的第一届大学生。1923年，张伯苓开办南开女子中学，1927年，赴东北调查，回校后成立东北研究会，并指派何廉教授等写出《东北经济地理》，对学生进行爱国主义教育，反对日本帝国主义侵略我国东北。1928年，张伯苓设立南开实验小学。1931年，在南开大学设经济研究所，次年设化学研究所。1936年张伯苓又在重庆开办南渝中学（1938年，改名为南开中学）。1937年，七七卢沟桥事变，日本帝国主义十分仇恨南开大学的爱国主义教育，所以派飞机对南开施行狂轰滥炸，使张伯苓惨淡经营近20年的高等学府化为灰烬。1938年，南开迁往昆明，与清华、北大等合并为西南联合大学，张伯苓任校务委员会常委。

由于南开小学、南开中学、南开女中、南开大学的教学质量都很高，是当时我国的名牌学校，所以，张伯苓的声望也很高，在教育界的影响很大。蒋介石千方百计想拉拢他，曾于1938年亲自介绍他入民国党，并封他为国民参政会副议长。

1944年,国民党政府为奖励张伯苓"为国造士",特颁发给一等景星勋章。同年10月,南开40年校庆和张伯苓70大寿,蒋介石还亲赴寓所祝寿,并题"南极辉光"四字相赠。1945年,在国民党第六次代表大会上,张伯苓被选为中央监察委员。同年冬天,他到美国,接受哥伦比亚大学名誉博士学位,同时接受蒋介石赠给的15000元美金,作为在美国治病的医药费用。1946年,张伯苓回国。次年春天,他和胡适等组织"华美协进会"。秋天,又分别在天津、北平组织"民治促进会"。1948年,张伯苓当上了国民党政府的考试院长。1949年,重庆解放前夕,蒋介石曾亲自到张伯苓的寓所,要他一同飞往台湾,但他没有同意。中华人民共和国成立,张伯苓亲自致电周恩来总理表示祝贺。1950年5月张伯苓到北京,不久回天津,于1951年2月23日在天津逝世。

张伯苓是一个爱国的教育家,走的是一条"教育救国"的道路。他认为,中华民族患有"愚、弱、贫、散、私"五种毛病,如不痛加纠正,不培育新的人才,就不能救中国。他自己说,他办南开学校的目的有两个:"其消极目的,在矫正上述民族五病;其积极目的,为培养救国建国人才,以雪国耻,以图自强。"(张伯苓《四十年南开学校之回顾》)因此,他为南开确定了五项训练方针"。这五项方针是:重视体育、提倡科学、倡导团体组织、注重道德训练、培养救国力量。这五项概活起来就称为"公能"教育。

首先,张伯苓非常重视学生的思想品德教育。早在南开学校创立初期,他就强调性情的陶冶,提倡团结、友爱、尊师等。为了培养学生的文明行动,他在南开学饺校门内的穿衣镜的镜框上写道:"面必净、发必理、衣必整、纽必结。头容正、肩容平、胸容宽、背容直。气象:勿傲、勿暴、勿怠。颜色:宜和、宜静、宜庄"。张怕苓把这些要求题在镜框上,目的在于使学生每天进出校门都能看到它,阅读它,使它成为学生们的行为儆戒。南开学校的校规也很严格。不准学生蓬头垢面,不准学生体态放荡,不准学生言语粗野,不准学生穿奇装异服和随地吐痰。对于饮酒、吸烟、赌博、早婚等等更是严加禁止,有违犯者,必须严厉惩罚,绝不宽容。张伯苓还亲自对学生进行道德品质教育,他除了在每周星期三的"修身课"上向学生讲处世为人的道理,进行思想教育外,还经常找学生个别谈话,了解学生各方面的情况。在南开学生未满千人时,他对全校学生了若指掌,能够叫出全校学生的名字,并能说出每个学生的家庭情况和学习成绩的优劣。有一次,他看见一个学生的食指和中指被烟熏得焦黄,就对该生进行个别教育,要该生戒烟。但这个学生不但不予理睬,反而回答说:

"你不是也吸烟吗？怎么说我呢？"张伯苓听了学生的话很受启发，立即将自己的吕宋烟全部当众销毁，并把自己的烟杆当众折断，表示与学生共同戒烟的决心。从那以后，张伯苓终身不再吸烟，作了学生的良好榜样。

在知识教育上，张伯苓很重视基础课的教学。不管是南开大学还是南开中学，他总是选择最好的教师去教基础课。南开的考试制度也很严格，遇有学生考试作弊，当堂抓卷，当天挂牌处分。学生在期末考试中，有两科不及格的，一律留级。但张伯苓并不主张死读书，而是经常请校外专家学者来作学术报告，以开阔学生的视野。他还重视课外活动，他说，学生"不单是要从书本上得学问，并且还要有课外活动，从这里得来的知识学问，比书本上好得多"（张伯苓：《演剧与作人》，《怒潮季刊》周年纪念，1938 年 10 月）。因此，他积极倡导学生组织各种社团，开展各种课外活动，并安排活动地点，补助经费，还派专人进行指导。张伯苓办的南开学校，教具、挂图、标本、实验仪器都很齐全，中学的生物、化学、物理规定每周有两小时的实验课，每两个学生就有一组实验仪器。所以，南开的教学质量很高。

在体育教育上，张伯苓十分重视学生的身体锻炼，他说："注重体育，锻炼强健之国民"（张伯苓讲话，《南开双周》1931 年 7 卷 1 期）。他从教私馆起，就开设了体育课。早在敬业中学时期，没有体育器材，他就把两把椅子左右分置，然后在椅子的靠背梁上放一根竹竿，让学生练习跳高。后来，南开学校有了较好的体育设施，学校的群众体育活动就开展得更为广泛。南开学校的代表队，优秀体育选手，曾多次参加天津、华北、全国以至远东的运动会。张伯苓本人也是体育活动的积极分子。他曾为 1909 年和 1910 年的第一届华北运动会和第一届全国运动会的发起人之一，并长期担任这两个运动会的总裁判和全国体育协会副主席。他还担任过中华业余运动会会长、远东运动会会长、总领队等职，以贯彻他的"强国必须强种，强种必须强身"的主张。

此外，张伯苓还注意教师的延聘和使用。他所选聘的教师都是国内各大学的优秀生，建立了一支教学骨干队伍。他对教师的生活照顾得很周到，并注意在教学上施展他们的特长，从而调动了教师的教学积极性。

张伯苓的著作主要有《四十年南开学校之回顾》、《中国革命与改造及吾人今后之机会与责任》等。

范源濂

范源濂，字静生，湖南省湘阴县人，民国时期教育家。生于公元1877年（清德宗光绪三年），死于公元1928年（民国十七年），活了52岁。

范源濂早年死了父母，是个孤儿，跟随舅父在清泉书院读书。戊戌维新时期，他考入长沙时务学堂。时务学堂停办后，留学日本，入东京大同学校读书，不久，转入东亚商业学校学习。当时，中国学生到日本留学的很多，因为国内初办新式学校，课程设置很不完善，程度也参差不齐，没有恰当的学校可入。范源濂就仿照日本明治维新的老规矩，在东京创办速成法政师范学堂，内设法科和师范科：法科的学习期限是一年半，师范的学习期限则是半年，使毕业生略具法政常识，以便适应时局变化的需要。范源濂还聘请翻译人员翻译日文讲义，使学生直接阅读中文而不必学习日语。1904年（清德宗光绪三十年），他回到湖南，倡议送女学生到日本学习师范，来回奔走一个多月，共招得女生12人，领至日本，送入东京实践女学校，开了我国女生留学的先河。1905年（清德宗光绪三十一年），满清朝廷学部在北京设立法政学堂，聘请日本人主持教务，而任命范源濂为学部主事，协助日本人工作。1906年（清德宗光绪三十二年），范源濂联合一些志同道合的人创设殖边学堂，招收学生百余人，教授蒙藏语言和垦殖等功课。他又筹办优级师范学堂、清华学校。1909年（清宣统元年）冬天，他发起组织尚志学会，在北京化石桥购置会所，筹集基金，开办附设医院和学校，编译关于文化及科学的书籍。范源濂说："尚志学会规模虽小，无异中国社会事业之苗圃。"由此可看出他的志向了。1910年（清宣统二年）冬天，范源濂充任学部参事，修定壬子癸丑学校制度及各级学堂章程，以使全国各级学堂都按部颁章程行事，然后，慢慢地图谋教育的普及。1912年2月，中华民国成立。范源濂任教育次长，蔡元培辞职后，任教育总长，用心于教育事业，有不少的建树。但他只在职半年，就因与袁世凯政见不合而引退，当了中华书局的编辑部长。1917年，与严修同到美国，考察研究美国各州的教育实际情况。1920年八月，他第三次任教育总长，第二年夏天辞职，从事于生物学的研究。1922年，他再次到美国游历，考察研究美国的乡村教育。1923年（民国十二年）到英国，与英国有关人士讨论退还庚子赔款的问题，主张设立各种研究院、图书馆、补助留学经费，并在国外大学设立中国学术讲座，以宣扬中国的文化。1924年，任中国教育文化基金会董事长，1928年12月23日，在天津逝世。

范源濂是"军国民主义教育"的积极倡导者，他的办法大概有两个方面：关于教授方面，小学生应重视作战游戏，各级学校要增设武术课，各级学校的音乐要选威武雄壮的歌曲，师范学校和中等学校的体操课，在最后一学年要加授军事学大要，中等以上学校学生要操练枪法，到了最后一年要进行实弹射击。关于训练方面，小学生要养成军国民的性格和军人的志趣，中等以上学校学生要有服兵役的能力，高等小学以上学生一律穿制服，各级学校必须注意学生的体格检查等。

李登辉

李登辉，字腾飞，原籍福建同安，1872 年出生于南洋群岛爪哇（今属印尼）。1947 年 11 月 19 日逝世于上海，终年 76 岁。他是上海复旦大学的创始人之一。

李登辉幼年曾到新加坡入学。1891 年赴美留学，先入卫斯理央大学，后转入美国当时第一流的耶鲁大学。李登辉肄业期间，对西方古典文学造诣很深。1899 年毕业，得文学学士学位。他精通古代希腊、拉丁两种文字，在现代语言方面，不仅通晓德、法语，也能操马来语。他平时运用英语，无论写作或口语，皆极流畅优美，西人对之，尚自愧不如。回国后对于祖国文字虽未专门学习，但数年之间即能运用自如，善说普通话及上海方言，对于别人代笔的文稿尺牍，能指出其中与本意未合之处，字里行间的隐晦含义也能洞察。

20 世纪初年，李登辉在南洋华侨学校教学数年后回国来到上海，应一家英文报纸之聘担任编辑，同时被商务印书馆约请为馆外特约编辑。1905 年，在法国天主教设立的震旦学院主持教务的马相伯先生，因与法国教士意见不合，而率领部分师生脱离该校，另创复旦公学。复旦草创伊始，马相伯先生登门拜访，邀请李登辉到复旦任教。李登辉慨然允诺，将教务重担承受下来。

辛亥革命以后，马相伯先生应孙中山先生之招前往南京任职。1913 年由李登辉继任复旦校长。此后李登辉除两次离校外，一直连任到 1936 年。在任职初期，复旦规模不大，除行政工作以外，他还亲自讲授英、法、德文，哲学、心理学、伦理学等课。此外，如延聘教师，安排课程，都是他的事，工作相当繁重。关于学生生活管理，他提倡学生自治，学生享有极大自由，组成学生会维持生活秩序，学校极少干预，但校风很好。

李登辉平易近人，学生们有事请教，随时可以到校长室谒见，不须通报，更无须预先申请。他亲授之课要求严格，课外与同学相处却亲如家人。

20世纪初叶，国内高等学校为数甚少，教育权主要掌握在西方人手中，特别是处于西方教会势力之下。我国自设的高等学校只有南洋公学（今交通大学的前身），因此复旦公学的成立，在收回教育权方面起着重大作用。西方人教会设立的学校，名虽兴办教育，暗中都有文化侵略的野心，同政治侵略、经济侵略相配合。马相伯、李登辉办学始终以发扬爱国主义精神为主旨，同教会学校针锋相对。不少华侨学生都到复旦入学，复旦学生中侨生占一相当大的比数。复旦的爱国空气很浓，是复旦当时的特点之一。

李登辉本人笃信基督教义，但他只以宗教为道德修养的途径，撷取其平等博爱的精神，决不重视其礼拜形式，更不把它当作迷信信仰，他也从来不劝同事们或同学们信教。他具有宗教自由的思想，把宗教当作个人的事，不干涉别人的信仰，不以此衡量别人的短长。他对于教会举办的社会服务事业予以赞助。当时的非教会的社会服务团体中国寰球学生会，其宗旨是协助出国留学的学生办理出国手续，介绍外国学校情况等。他当了这个团体的顾问。

李登辉有强烈的爱国主义情怀。有一次，他从上海到吴淞校舍，在火车上见有美国水兵调戏中国妇女，即严词斥责。水兵不服，反而对他无礼，他撕下水兵的肩章，水兵不得不惧而退却。事后他在报纸上予以揭发，迫使美领事道歉并惩罚水兵。

李登辉主持复旦校政，在德育方面，以培养学生爱国精神为主旨；在智育方面，坚持学术独立、思想自由。他的教育方法重在启迪而不恃灌输，对于新思想的引进甚为关心，所聘请的教师中有几位思想先进的人物。主讲中国文学的邵力子先生，那时是上海《民国日报》的编辑，主编《觉悟》副刊，鼓吹打倒封建礼教，提倡妇女解放等思想，有几次被租界的外国当局传讯处罚，但李登辉对邵始终相契，倚重他将新思想介绍到学校中来。1919年五四运动开始，邵在报馆得知北方学生运动的消息后，立即传给复旦，复旦学生立即行动起来。此时他担任国民外交后援会及华侨联合会会长，竭力支持学生运动，指点学生联络上海各大中学学生，成立上海学生联合会。复旦一位华侨学生被选为上海学联第一任会长，以后复旦学生始终是上海学联的骨干力量。对于北京学生的革命行动，反动政府起先一味蛮横镇压；后来上海和全国各地学生群起投入运动，上海学联除实行各校罢课外，又联络商人罢市、工人罢工，声势日益壮大，反动政府才迫不得已，罢免曹、章、陆卖国贼。拒绝在巴黎和约签字，轰轰烈烈的学生运动取得成功。

李登辉曾经聘请一位主讲经济学的教师薛仙舟，是在中国倡导合作主义的创始人。他到复旦以后吸引不少学生进行合作主义的试验。出版小型刊物《平民》周刊，试办了一个小型合作储蓄银行和合作商店，创设一所平民小学，招收校工子女及附近贫家孩子入学，不收学费。薛仙舟提倡的合作主义，当然是空想的社会主义气味浓厚，但打开了学生的眼界，学生们的学习不限于课堂的教本，主动看了许多课外的书籍，第一次接触到马克思的《资本论》以及其他马恩经典著作。李登辉对薛仙舟是很重视的。

1919年，复旦公学改名为复旦大学。李登辉任复旦校长期间曾两次离校。第一次在1917年去南洋。复旦建校之初设在吴淞水师提督衙门旧址。民国成立后，孙中山先生主持的临时政府将上海租界边缘的李鸿章祠堂（大门外为租界，路名海格路，今为华山路）拨归复旦使用。其后李氏后裔硬说此是李氏家祠，要求退归李家私有，竟至兴讼。官司打了多年悬而未决。李登辉为了筹划永久校址，亲往南洋向侨胞募款。侨胞捐了巨资，回国后在江湾购地70余亩，建成新校舍。1922年迁入新舍。

第二次在1924年。当时校内有的教师企图攫取学校行政权力。李登辉胸怀坦荡，不屑与之争竞，遂一肩行李，俏然离职，偕夫人去南洋探亲。经过一年有余，阴谋失败，校内师生欢迎他复职。

复旦创校初期规模不大，只有文理二科，后增设商科。李登辉对于校务事必躬亲。五四以后，学校规模迅速发展，决定设置校务会议，实行教授治校。一切规章制度及重要措施。均由校务会议讨论决定。即使所作决定与个人意见不合，他也要尊重会议的决定，不自作主张。比如，他认为男女平等，女子有受高等教育的权利，但男女分校更能发挥所长，不必合校。但既经校务会议通过招收女生，他就立即同意，于1927年开始实行男女同校。1929年学校改制，文、理商科改为文、理、法、商四个学院，院下分设学系，实行学分制，都是由校务会议决定的。

九·一八事变以后，全国人民看到国民党反动政府继续进行内战，对外寇入侵则毫不抵抗，步步退让，激起极大愤慨。学生爱国热潮又复掀起，复旦学生多次去南京请愿，要求蒋介石政权出兵抗日，收复失地。李登辉都给予支持和赞许。他曾在校务会议上提出讨论和维护学生运动，上海反动当局对复旦极端仇视，要求他制止学生，他断然拒绝，因此招蒋介石反动政府迫害。1935年冬季曾派军警闯入校内捕人，李登辉挺身而出，斥责军警，险些受到军警侵犯，幸有师生多人涌集救护，才未遭毒手。反动派对复旦日益痛恨，次年秘密决定封闭复旦。南京校友会得到消息，设法挽救。校董于右任、邵力子、叶楚伦等人曾是复旦教师，也是国民党中央委员，从中斡旋。叶楚伦赶到上海同校董会董事长钱新之商量，召开校董会紧急会议，会上"同意"李登辉退休，由钱新之以董事长兼代校长，并推校友吴南轩为副校长负责学校行政实际责任。国民党反动派知道李登辉德高望重，怕引起社会上的反响，不敢操之过急，就故作姿态，请他出任立法委员。他一笑置之，拒不接受，随即前往四川旅游。在四川旅游期间，受到四川省校友热烈欢迎，无意中为后来抗战期间复旦迁川奠定了基础。

李登辉卸职以后，不居任何名义，对复旦仍然非常关心。因住处在附中附近，附中师生有事常来就教，他也乐于指导。

七七事变以后，上海八一三战事爆发，复旦内迁四川。部分师生因家室之累不能随校内迁，谋在上海继续开学。他接受师生请求，出主校务。不久，太平洋战争扩大。上海租界为日寇占领，敌伪气焰嚣张，对各级学校多所干涉。他指示校内师生决不同敌伪妥协，一不向敌伪注册，二不接受敌伪派人到校内活动，三不接受敌伪邀请参加公众集会。能维持多久就维持多久，如敌伪施加压力就随时宣告解散。他本人杜门不出，坚持八年之久。在抗战后期，同重庆校本部取得联系，将留在上海的部分，对内称作复旦大学上海补习部，直到一九四六年复旦迁回上海江湾，合而为一。

此时他已达七旬以上高龄，体力渐见衰老，眼患白内障，视力大减，脚上又有溃疡，行动不便，但对时局仍十分关心。对国民党发动内战深切忧虑，常常失声长叹。1947年11月19日逝世。复旦大中两校师生皆哀伤不已，不少人恸哭失声。文化界、教育界为之震悼。

李更生

李更生，名荃，字亘孙，江苏淮阴人，民国时期热心中小学教育的实干家。生于公元 1883 年（清德宗光绪八年），死于 1927 年（民国十六年），只活了 45 岁。

李更生于 1902 年（清德宗光绪二十八年）入淮阴江北高等学校学习，毕业后，应聘于 1906 年（清德宗光绪三十二年）去安徽，任过繁昌、宣城、太和等县的县立高等小学校长。由于他善于教育学生，受到各方面人士的尊重，大家称他为更公，而忘掉了他的名字。1909 年（清宣统元年），清政府曾派他去亳州（今安徽亳县）做地方官，但他没有去上任，就回到老家，担任淮阴县江北师范附属小学的校长。1911 年（清宣统三年），武昌起义爆发，国民军包围淮阴，李更生带领民众响应国民军，并同民众代表 16 人大开城门迎接国民军，使淮阴得到和平解放。当时大家推举他帮助办理江北的学务，他再三推辞不到任所。1912 年春天，李更生当上了淮阴县教育科长，管辖城乡公私数十所学校。1913 年他被推举为江苏省第一届议会议员，在省议会，"弹斥贵绅，闻者咋舌"。（徐庶候：《李更生先生别传》）同年秋，李更生兼任江苏省立第六师范学校校长，他竭尽心力办学，把学校的事情当成自己家里的事情一样，使学校声誉大震。1917 年秋季，李更生被江苏省教育厅派往扬州江苏省立第八中学任校长。他到任后，全心全意办学校，很快就改变了这所学校的落后面貌，一跃而成为全省优秀学校之一。1922 年由于李更生为扬州省立八中争取新校址与当地驻军发生冲突，地方军阀勾结士绅对他进行排挤，他不得不离开扬州。八中师生组织护校团，掀起挽留李更生的风潮。结果被继任校长勾结官府逮捕了学生数十人，李更生也没有挽留住。

李更生回到淮阴后，充任淮阴第六师范学校附小的校长。六师附小在他的主持下，读书空气浓厚，校风生动活泼，朝气蓬勃。1926 年，江苏教育厅委派他担任淮安省立九中校长，这个学校是全国闻名的教学质量很差的学校，可他一到任，就坚决革除旧习，整顿校风，不到一年，学校大治。当时淮阴的小学校很多，中学只有一所，不能满足小学生升学的需要，为了解决这个问题，有人曾在淮阴办了一所私立成志中学。但由于经费不足，办理的人又很不得力，不到一年，就快倒闭了。很多学生面临着失学的威胁，李更生在社会人士的请求下，毅然担起承办成志中学的重担。他接管了成志中学以后，为了筹备建校资金，曾费尽心机。他"不惜卑躬屈膝，沿门托钵"（《言行录》13～17页），只要有一点办法可想，都无不想到。而且还把与夫人结婚时亲友赠送的银元近千元和部分家产都捐给了学校，作为建校基金。从而使这个学校有了校址、教室、宿舍和应有的设备，走上健康发展的道路。1927年，正当北伐军取得节节胜利的时候，李更生感到十分高兴，准备一面办学，一面筹划打开淮阴城迎接北伐军，但不幸于同年四月五日遇刺，于同年七月逝世。

李更生办学的成绩显著，治校有方，每到一所学校，校风立刻变好，教学质量迅速提高，声誉大震。其原因有以下几点：

1. 有献身教育事业的志向，李更生认为，自从满清王朝的道光、咸丰以来，欧洲资本主义国家的侵略势力逐渐渗入中国，使中国封建经济破产，城乡凋蔽的原因，是教育事业不能与其他国家相抗争。所以，他立志献身教育事业，为中小学教育奋斗终身。

2. 有实干精神。李更生办学总是尽心竭力，埋头苦干，处处以身作则。他为了改变扬州省立八中的落后面貌，自己订了一个小本子，名叫《更生思潮》。他朝思暮想，想好了就干。凡是想到对学校有利的事项，都记在本子上，随时准备付诸实施。他很重视以身作则，认为教师"以言教人，不如以身教人"。他为了使自己在师生中起好表率作用，给自己订了八大戒条，叫做《更生八不篇》，以做戒自己的一言一行。有一次，江苏省立第六师范发生火灾，他深夜得到消息，便冒火冲入办公室，抢救文书档案，"几不得出"，差一点被烧死。他这种带头为公的行动，深深感动着全校师生。

3. 重视爱国教育和民主教育。李更生在扬州省立八中，正当袁世凯和日本帝国主义签订卖国21条之后，为了教育学生不忘国耻，他在办公室右侧走廊壁上竖起一块石碑，碑上刻写着"汝忘五月九日六时乎！"（张云谷1978年9月21日致李崇淮信）意思就是告诫学生不要忘记1915年5月9日袁世凯接受日本提出第五号秘密文件的国家耻辱。他要求学生反对日本帝国主义，抵制日货，并同学生共演话剧，进行爱国主义的宣传。"五四"运动期间，李更生在学校积极提倡白话文，推行拼音字母，鼓吹科学与民主，使"五四"运动的新思潮像扬子江的洪流灌输到运河两岸。扬州省立八中的学生，没有一个不知道德模克拉西的。由于新思潮的传入，扬州省立八中呈现出一派生气蓬勃的景象。

4. 积极进行教育改革。李更生为了办好教育，培养人才，努力推行新制度和新办法。他在扬州省立八中时，就曾经将单轨制改为双轨制，把学校规模扩大了一倍。从二年级起，他又实行分科授课制。甲组偏重文科，乙组偏重理科，以发挥学生的特长。他还实行能力编班法，凡各年级的国文、英文都按学生的实际水平，分别编入适当的班级进行教学。为了提高国文教学质量，他还按期召开国文研究会，同任课教师研究改进教学质量的方法。他曾延请朱自清来校讲授国文和担任教务主任，以促进国文教学质量的提高。但李更生在淮阴六师附小推行设计教学法和道尔顿制，是受了杜威实用主义教育思想的影响，不但没有提高教学质量，反而妨碍了系统知识的传授，忽视了教师在课堂中的主导作用。

李更生还重视女子教育，他曾在六师设立女生部，聘请女教师授课。他又在淮阴创办过女子小学。

李更生的文章收集在《李更生先生言行录》里。

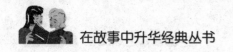
陈独秀

生平和教育活动

陈独秀（公元 1879～1942 年），名庆同、乾生，字仲甫，安徽省怀宁县（今安庆市）人。他出生于书香门第。他的父亲、祖父、长兄皆以教书为业。

陈独秀不到两岁时，其父早逝。从六岁起，跟随祖父读《四书》。祖父对他管教甚严。他自幼性格倔强，因背不出书，遭到毒打，总是一声不吭，以至气得祖父"怒目切齿，几乎发狂"。10 岁时，其祖父去世，他便跟随长兄读书。兄弟二人，情谊甚笃。陈独秀学业日进。他后来曾用"青灯课我读，文彩励先鞭"的诗句来缅怀长兄的教泽之恩。

陈独秀 17 岁，进县城参加科举考试，以第一名中秀才。次年夏，赴南京参加乡试，考举人未中。到南京后，因受维新变法运动的影响，思想倾向维新派。他在《实庵自传》中写道："读康先生及其徒梁任公之文章，始恍然于域外之政教学术，粲然可观，茅塞顿开，觉今是而昨非。"他由南京返回故里，写成《扬子江形势论略》，对长江流域各段名称、水势及军事设防等作了概述，冀以此向清政府献策，以抵御外来侵略。

1898 年，陈独秀考入杭州中西求是学院。求是书院以"扫积弊，求实学"为宗旨，是一所新式学校。他在这里攻读物理、化学、法文、国文，同时如饥似渴地阅读《时务报》，开始初步接受西方科学文化知识。

1901 年，陈独秀赴日本留学，他的思想开始向资产阶级革命民主主义转变。曾与张继、冯自由等组织留日学生爱国团体"青年会"。1903 年，因参与剪湖北学监辫子的活动，被强行遣送回国。同年，与章士钊等创办《安徽俗话报》，以白话文向群众进行革命宣传。1905 年，任教于安徽公学，并参加实际的反清革命活动。1907 年至 1910 年，又两次东渡日本，先后就读于东京高等师范学校速成科、东京正则英语学校和早稻田大学。对日本当时重视教育深有感触，他由日返国后，任杭州陆军小学历史、地理教员。

1911年，辛亥革命成功，陈独秀于1912年初由杭州回安庆，出任安徽省都督府秘书长，并创办了安徽省高等学堂。1913年，他配合孙中山领导的"二次革命"，在安徽投入讨袁战争。不久，"二次革命"失败，他于1914年再次去日本，继续从事反帝爱国斗争。在日本，他协助章士钊创办《甲寅》杂志，并在一卷四期上发表了《爱国心和自觉心》一文，指出"爱国心为立国之要素"，号召人民觉起，从事于改造国家的斗争，以"求一可爱之国家"。

1915年夏，陈独秀怀着满腔的爱国热情，从日本返回祖国。当时的中国在袁世凯反动统治之下，人民处于水深火热之中。袁世凯为了当皇帝，不惜出卖主权，同日本签订丧权辱国的"二十一条"；为了恢复帝制，在思想文化和教育领域掀起尊孔复古逆流。陈独秀等先进知识分子痛感于袁世凯反动统治的黑暗和混乱，首先举起民主与科学的大旗，向封建复古势力展开了猛烈的进攻。陈独秀于同年9月在上海创办《青年杂志》（自第二卷起改名为《新青年》），他撰写发刊词《敬告青年》，倡导新文化运动。

1917年1月，陈独秀受蔡元培之聘，就任北京大学文科学长（相当于今之文学院院长），《青年杂志》亦随之由沪迁京，编辑部就设在北京北池子箭杆胡同陈的家中。陈独秀一方面协助蔡元培改革旧北大教育；另一方面以《新青年》为阵地，团结新派人物撰写、编辑文章，同封建文化教育进行激烈的战斗，有力地推动了新文化运动的发展。

1918年12月，陈独秀同李大钊一起，创办了《每周评论》，建立起新文化运动又一重要阵地。他先后在《每周评论》上发表了100余篇檄文，其中有著名的《除三害》，指出军阀、官僚、政客为祸国殃民的"三害"，号召人民起来与之斗争。

1919年，"五四"运动爆发，陈独秀站在斗争的前列，他号召青年学生奋起，不要害怕反动派的镇压，不要怕坐牢，"青年要立志出了研究室就入监狱，出了监狱就入研究室，这才是人生最高尚优美的生活"。他鼓励青年追求真理，追求"真文明"，追求"有生命有价值的文明"。他自己不但这样讲，而且也这样去身体力行。北京大学校长蔡元培因学生运动被迫辞职，离京出走。这时，陈独秀在上海的一些朋友看到反动势力猖獗，打电报促他南下，暂避风险。他回信中毅然表示："我脑筋惨痛已极，极盼政府早日捉我下狱处死，不欲生存此恶浊之社会也，为了推动"五四"运动向纵深发展，他和李大钊于6月9日共同起草了《北京市民宣言》，指出"中国民族乃酷爱和平之民族"，"今虽备受内外不可忍受之压迫"，但要求政府取消对日和约，罢免卖国官吏，保障市民集会，言论自由。陈独秀于当日深夜，到印刷厂将"宣言"印刷为传单，原件为英汉两种文字。6月11日晚9时，当陈独秀在北京前门外新世界散发这一传单时，遭京师警察厅便衣密探逮捕。此事曾引起社会强烈反响，后在各方营救和舆论压力下，当局被迫于9月16日将陈独秀释放。当陈独秀出狱的时候，《每周评论》已经因被反动军阀封闭而停刊。但是，这时的新文化运动已经发展到更高的阶段。"五四"后，宣传新思想的刊物，如雨后春笋，发展到数百种之多。由为数不多的启蒙思想家们倡导的新文化运动，已经在中国的大地上开花结果。正如李大钊在《欢迎独秀出狱》诗中所说："从前我们的'只眼'忽然丧失，我们的报便缺了光明，减了价值；如今'只眼'的光明复启，却不见了你和我们手创的报纸！可是你不必感慨，不必叹惜。我们现在有了很多的化身，同时奋起，好像花草的种子，被风吹散在遍地。"这里的"只眼"是陈独秀的笔名，李大钊称陈独秀的出狱为"光明复启"。陈独秀出狱后，在社会上的声望更高了。他辞去了北大文科学长，在国史馆专任编纂。

　　1920年4月，陈独秀同李汉俊一起帮助陈望道校译了《共产党宣言》，这是该书第一个中译本，在青年中产生了重要的影响。由于传播马克思的学说，他的思想开始由激进民主主义转向马克思主义。他之倾向马克思主义学说，对我国老一辈革命家产生过深刻的影响。毛泽东在同美国作家斯诺谈话时曾说："我在北大当着图书馆助理员的时候，在李大钊手下，很快地发展，走到马克思主义的路上。我对于这方面的发生兴趣，陈独秀也是很有帮助的。在我第二次到上海去的时候，我和陈独秀讨论着我所读过的马克思主义的书籍。在我生活中这一个转变的时期，可以说陈独秀对于我的印象，是极其深刻的。"

1920 年春，共产国际派代表到北京，和李大钊建立了联系。经过李大钊的介绍，共产国际代表到上海，和陈独秀等人会见，交换了关于中国革命的意见，研究了发起成立中国共产党的筹备工作。同年夏在陈独秀的领导与发动之下，上海首先建立了共产党发起组，他被推选为书记。并由他联系函约，陆续在北京、长沙、武汉、济南、广州、巴黎、东京等地，先后建立起共产主义小组。同年 12 月，他应邀去广州，出任广东省政府教育委员会委员长，兼任预科大学校长。

1921 年 7 月，中国共产党第一次全国代表大会在上海召开，陈独秀被选为总书记。他辞去广东的职务，9 月回上海，在艰苦的环境中领导党中央的工作。他致力于国共合作，注意在工人中进行马克思主义的教育，培训工人骨干。他关心平民教育，认为教育虽然没有万能的作用，但总是改造社会的重要工具之一，而且为改造社会最后的唯一工具。他说："我是一个迷信教育的人，所以连贵族的教育我也不反对。"又说："我对于教育的意见，第一是希望有教育，无论贵族的与平民的都好，因为人们不受教育，好像是原料不是制品；第二是希望教育是平民的而非贵族的，因为资本社会里贵族教育制造出来的人才，虽非原料，却是商品。"当时教育界有人主张教育独立，不问政治。他针锋相对地指出："人是政治的动物，除非不是人，那能够不问政治？"

陈独秀虽然确立了马克思主义的信仰，积极创建了中国共产党，但是他并没有彻底完成激进民主主义向马克思主义的转变。1923 年 4 月，他在《向导》第 22 期上发表了《资产阶级的革命与革命的资产阶级》，对中国社会各阶级的地位及相互关系作了错误的分析，认为资产阶级是革命的领导者，工人阶级尚处幼稚阶段。不可有拒绝资产阶级之左倾观念。同年 6 月，他在广州主持召开了中国共产党第三次全国代表大会。在会上他积极赞成共产国际代表马林提出的"一切工作归国民党"的错误口号。他的右倾观点受到了大会代表的批评。

1924 年 1 月，孙中山在广州召开国民党第一次全国代表大会，接受中国共产党提出的反对帝国主义、反对封建军阀的政治主张，接纳共产党员以个人身份加入国民党。国共合作统一战线最终结成。大革命开始后，陈独秀为巩固和发展革命统一战线努力工作。5 月，他在上海主持召开中国共产党第一次执行委员会会议，总结了国共合作以来的经验教训，对党内存在的一些右倾错误进行了批评。9月17日，在《向导》83期上发表了《我们的回答》，对于国民党右派反对国共合作的谬论逐条予以批驳。

1925年1月，陈独秀在上海主持召开了中国共产党第四次全国代表大会，当选为中央委员会总书记兼组织部主任。2月，领导了上海沪西日本纱厂工人的罢工斗争。5月30日，上海爆发"五卅"惨案。当天晚上，他出席中共中央紧急会议，决定发动罢工、罢课、罢市，把斗争坚持下去，热情鼓励工人反对帝国主义及其走狗。

1926年3月20日，蒋介石制造"中山舰"事件，排挤共产党人。陈独秀就此事写信给共产国际，提出国共两党应由党内合作改为党外联盟的意见，结果遭到批驳。6月4日，他发表了《给蒋介石的一封信》，对蒋介石就"中山舰"事件对共产党人的攻击，予以有力的批驳。同年6月7日，他在《向导》161期上发表《论国民政府之北伐》，错误地认为北伐时机尚未成熟。7月，革命军在广州誓师北伐。10月，北伐军攻克武昌。10月，中共中央在汉口召开中央特别会议，陈独秀在会上作政治报告，错误地提出了限制工农运动的主张。

1927年蒋介石发动了血腥的"四一二"大屠杀，由于陈独秀右倾机会主义路线的错误，大革命遭到了惨痛的失败。同年8月7日，中共中央在汉口召开紧急会议，撤销其总书记职务，并批判了陈独秀为代表的右倾机会主义错误。以后，他拒绝党的批评教育，坚持错误，于1928年6、7月，拒绝出席在莫斯科举行的中共第六次全国代表大会，并伙同托洛茨基分子，攻击"六大"路线，进行分裂党的小组织活动。1929年11月15日，被中国共产党开除党籍。1932年10月15日，他在上海被国民党反动政府逮捕。直至1937年抗日战争爆发，在中国共产党和全国人民强烈要求释放政治犯的压力下，陈独秀获释出狱。出狱后，他在武昌华中大学作了题为《抗日战争之意义》的演讲，撰写并发表了《抗战中应有的纲领》、《从国际形势观察中国抗战前途》、《我们为什么反对法西斯特》和《蔡孑民先生逝世感言》等文章。他赞成中国共产党的抗日主张，主张坚持抗战。1942年5月27日，病逝于四川江津。

教育思想

陈独秀一生的实践都极为重视教育，主张教育必须改革。1915年，他发表了《今日之教育方针》，1917年1月就任北京大学文科学长以后，协助蔡元培对北大文科进行了整顿，1920年在武昌高等师范作了《新教育精神》的演讲。担任党中央领导工作以后，也一直关心教育工作。

什么是教育？陈独秀认为教育有广狭二义：自狭义言之，乃学校师弟之所接受；自广义言之，凡伟人大哲之所遗传，书籍报章之所论列，家庭之所教导，交游娱乐之所观感，皆教育也。不难看出，在他看来，狭义的教育是专指学校教育；而广义的教育则是包括学校教育、社会教育和家庭教育等多方面的内容。

对教育的作用，他作出十分肯定的回答。1917年7月1日，他在天津南开学校演讲《近代西洋教育》中指出：西洋也有一派学者，主张人之善恶智愚，乃天性生成，教育无效的。陈独秀说：这是一种"俯见"，多数学者均不承认，以为人之善恶智愚，生来本性的力量诚然不小，后来教育的力量又何尝全然无效？譬如木材的好丑和用处大小，虽然是生来不同，但必经工匠的斧斤雕凿，良材方成栋梁和美术的器具，就是粗恶材料，也有相当的用处。教育的作用，亦复如此。请看世界万国，那教育发达的和那教育不发达的人民，智愚贤否迥然不同，这就是吾人必须教育的铁证了。他对当时社会人士之轻视教育，以为谈教育乃是"空谈"或"多事"，表示强烈的反对。他深信教育是必须的，如果教育得法，"终有救国新民之一日"。

陈独秀进一步提出：教育家之整理教育，其术至广，而大别有三：一曰教育之对象；一曰教育之方针；一曰教育之方法。教育家之注重教育对象，就要抓住受教育者的生理心理特点；教育家之注重教育方法，就要研究采取何种教授陶冶以实施教育；教育家要特别注重教育方针，因为教育方针如矢之的，如舟之舵，至关重要。

陈独秀就如何确定教育方针，提出："应采近世各国教育之所长"，"补偏救弊"，"外览列强之大势，内鉴国势之要求。"在他看来，教学相期者，第一当了解人生之真相；第二当了解国家之意义；第三当了解个人与社会经济之关系；第四当了解未来责任之艰钜。他说："若能准此以定今日之教育方针，教于斯，学于斯"，则"吾国应有起死回生之望。"

什么是"今日之教育方针"？陈独秀提出要贯穿四大主义：一是现实主义，即用科学和现实生活的教育取代复古迷信的"理想主义"教育；二是惟民主义，即用民主主义的教育取代封建主义的专制教育；三是职业主义，即用职业教育取代空洞的伦理说教的传统教育；四是兽性主义，即用注重体魄和意志锻炼的强身教育取代忽视体育的弱民教育。

陈独秀提出的教育方针，有些提法尽管不那么科学，表述并不十分准确，但其实质乃是贯彻民主与科学的精神，使受教育者在德、智、体诸方面都得到发展。他认为，"一切思想行为，莫不植根于现实生活之上，""现实世界之内有事功，现实世界之外无希望。"因此，现实主义，为今世贫弱国民教育之第一方针。他认为，封建时代，君主专制时代，人民惟统治者之命是从，无互相连络之机缘，团体思想，因以薄弱。民主的国家，以人民为主人，以执政为公仆。人民应有自觉自重的精神。惟民主义在教育方针中占有重要的位置。他认为，今日世界即经济之世界，于此经济竞争剧烈之秋，提倡职业主义教育有着重要的意义。他指出，每见吾国曾受教育之青年，手无缚鸡之力，心无一夫之雄，白面纤腰，妩媚若处子；畏寒怯热，柔弱若病夫；以如此心身薄弱之国民，将何以任重而致远。因此，注重体育在教育方针中有着重要的意义。

杨昌济

中国现代教育家。湖南长沙县人。1889 年参加长沙县学试，考了一个"邑庠生"（秀才）。1890 年应湖南省"乡试"，考举人不第。在家乡开设蒙馆授徒。开始了教育活动生涯。在以后几十年的教育实践中他严于律己，以身作则，因而得到学生的爱戴与崇敬，他注重身体锻炼，早年受宋明理学影响，主张静心养性，后来又坚持冷水浴，一年四季，从不间断。他的许多学生如毛泽东、蔡和森、张昆弟等人受他的影响长期坚持冷水浴等锻炼身体的方法。他主张教师要有广博知识与较高的文化修养，应有良好的品德，特别强调身教。1898 年维新运动进入高潮，杨济昌入岳麓书院学习，热情地学习新学与新政。1903 年他与陈天华等人赴日留学，1907 年以优异成绩毕业于弘文学院。1908 年进入东京高师文科。1909 年离日赴英，进入苏格兰厄北淀大学，攻读哲学、心理学、教育学，1912 年毕业，随后赴德国考察教育九个月。于1913 年春回国，结束了他长达 10 年的留学生涯。1914 年，他在湖南省立第一师范任教，并到湖南高等师范专科任教，除了讲授教育学外，还讲哲学、伦理学。他的一些教育论著如《论语类钞》、《心理学讲义》、《教育学讲义》、《各种伦理主义之略述及概评》、《哲学上各种理论之略述》、《西洋伦理学史》等等，都是在一师和高师讲学中所编订和翻译的。1918 年 6 月，他应蔡元培之聘，出任北京大学教授。他积极支持蔡元培、蔡和森等人组织赴法勤工俭学活动。毛泽东经他的介绍留在北大图书馆当管理员。1919 年五四运动发生后，他的学生毛泽东、蔡和森、邓中夏、肖三等人，仍和过去在长沙一样，经常在他家中听老师评述英文杂志《世界观》里有关马克思主义的文章。1920 年不幸病逝于北京，年仅 50。

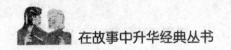
胡元倓

    中国现代爱国教育家。字子靖，湖南湘潭人。出身书香之家，少时受教于父兄，钻研王阳明良知学说，造诣颇深。而立之年东渡日本求学师范，耳闻目睹日本教育兴国之种种实例，遂矢志以教育救国、培养人才、复兴民族为己任。1903 年归国后即付诸行动，在长沙创办明德学校。之后，又陆续开办速成师范班、高小班、南京高等商业学堂、中等商科、银行专修科等，并于 1913 年请黄兴领衔呈准在北京创办明德大学，形成了明德式的独特教育体系，即速成师范→小学→中学→专修科、高等商业学堂、明德大学。

    胡元倓主张"教育救国"，他认为，革命打碎了旧的国家机器之后，教育担负着重建国家的重任，教育"是一种需要发愤努力的艰苦事业——磨血事业"，地位重要而任务艰巨，因此，他将学校冠以"明德"之名，并以"艰苦真诚"作为向学生进行品德教育的基本原则，提倡"明德"学风，即"永坚贞而不更"，"庶因苦而回甘"、"本真实以传薪"、"道一贯而无式"，希望学校能培养出许多报国的人才。事实上，明德学校实现了这一目标，党政军商教科文界，"出于明德者甚众"。

    胡元倓力主"储才建国"，并以明德式独特教育体系实现了这一主张。明德教育体系还包括资送全班学生留日、推荐学生服务商界、教育界，使学生毕业即就业。办学所需巨额经费，全靠他这里请津贴，那里求募捐，左挪右借来渡过经费难关。为筹经费，他曾滞留九江，年关大雪之际，倍极艰辛，大窘几死，但为实现储才建国之鸿志，他始终矢志不渝。

    胡元倓十分重视学校的教学质量，为此，他千方百计聘请具有真才实学的教师，甚至肯屈膝以求，三湘名师几乎都在明德任过教；他也很重视完善课程，肯从外国请来教员开齐当时教员紧缺的自然科学课程；他还重视实验

中国教育名家印记

教学，给明德学校配备了充足的理化仪器和博物标本；他亦重视教学方法的改进，力争让教师能有效地把知识传授给学生；此外，他还逐步建立了一套比较完善的教学管理制度。完善的课程、高水平的教师、良好的设备和严格的管理制度，为明德培养了大批高质量的学生，也使明德学校享有盛名，"北有南开，南有明德"。

177

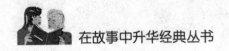

陈润霖

　　民主革命时期的教育改革家。字凤荒，号立园，湖南新化县人。早年曾在长沙岳麓书院学习。1901年去日本留学，曾立志，"归国后不愿为官，愿以兴办教育为己任。"1904年回国后，深感当时学校学风萎靡，认为旧的教育体制必须改革，改革的首要问题就是抓好基础教育。于是，他在长沙创办了楚怡学校。1914年又在稻谷仓另外办起一所楚怡工业学校，以振兴实业，培训工业人才，1923年，开办了楚怡中学，并在小学内加办幼稚园，使幼稚园、小学、中学、工业学校连成一气，形成了三校一园的新体制，统称湖南楚怡学校。这在当时的中国，是很有特色的。1913年春，陈润霖又授命创办了湖南第四师范学校，毛泽东、何叔衡就是该校的第一届学生。

　　陈润霖办学，重视吸收外国先进的教育方法和理论，并从本地实际出发，改革发展本地教育。在楚怡学校，他将学生分为低、中、高三个年组，分别采用混合设计教学法、分科设计教学法及道尔顿制。在教学内容上，他废除了封建的陈旧的教学内容，主持新编了一套充满爱国主义精神，合乎当时新文化运动潮流的新教材。并想方设法为实行新型教育创造物质条件。他在学校建立了自然科学研究室、手工教室、美术室、音乐室，动物园等，对培养学生的实际能力起到了相当大的作用。在教育方法上，他倡导"自动、自学、自治"的三自精神，反对老师包办代理。他还多方挑选、聘任名师，通过提高教师待遇、重用教师等措施使学校稳定了一批才德兼备的好教师。楚怡学校在陈润霖的带领下，在湖南教育界产生了重大影响。

　　陈润霖还是一位民主革命战士。辛亥革命时期，他全力支持孙中山的同盟会。袁世凯篡夺革命果实后，陈润霖又积极参加了倒袁运动。"五四"运动前后，陈润霖对毛泽东、邓中夏等青年学生的革命活动给予了大力支持。在革命低潮下，他曾掩护了很多进步青年。

　　1946年，陈润霖为学校建设积劳成疾，在为学校事业奔波的途中病倒，不久病逝。

马君武

爱国教育家，民主革命早期政治活动家。原名道凝，字厚山，改名和、又名同，号君武，广西恭城人。

马君武 1901 年冬去日本留学，1903 年考入日本京都大学学工艺化学，1905 年回国，在中国公学任教务长兼理化教授。1907 年入柏林工艺大学攻读冶金专业，1911 年获博士学位。1913 年冬，他再次留学德国，入柏林农科大学学习，并兼任德国波恩化学工场工程师。1916 年回国参加政治活动，1917 年在孙中山组织的护国军政府内任交通部长，1921 年 7 月被孙中山任命为广西省省长，后因思想跟不上形势发展退出政坛。

自 1924 年到 1940 年，马君武一直从事教育工作，历任上海大夏大学校长，广西大学首任校长，上海中国公学校长、广州培桂中学校长、北京工业大学校长等。

马君武以复兴民族为办学宗旨，大力培养学生的爱国精神。他认为读书和研究科学必须和爱国主义联系起来，在国家危难关头读经是不可取的，良莠不分或死读书一点没有用处。他希望学生努力读书，掌握科学知识，有一技之长为社会服务。他重视师资建设，不管到哪个学校当校长，他都能荟萃一批名流任教。1924 年他在大夏大学，聘请了何炳麟、郭沫若、田汉等名家授课，使大夏这所"野鸡"大学很快声誉大振。他还始终不遗余力地抓图书、仪器和实验基地建设。他认为，要使学生不仅了解基础理论，而且要懂得科学技术，既会动脑，又会动手，做到脑手并用。马君武爱生如子，也是有名的。

马君武退出政治舞台角逐后，从教育而终，不辞辛劳，培养了不少人才，在当时中国教育界有很高的地位，时人有"北蔡南马"之说，将他与蔡元培相提并论。

马君武学识渊博，通晓古今，他也是一位科学家和爱国诗人。他在中国最早翻译了达尔文原著，并撰写了《达尔文传》和多部科学、哲学著作。

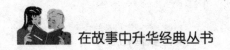

朱剑凡

　　中国现代爱国教育家和民主革命活动家。原名周家纯，湖南长沙人。出身于满清显宦家庭，封建大家庭中人欺压人的规矩使他产生了对苦难最深重的妇女的强烈同情心。1902 年，朱剑凡东渡日本求学，在弘文书院结识了杨昌济、胡元倓等，立志办教育启民智，育人才，兴国家，并选择了兴办女学这一角度，归国后于 1905 年 5 月在长沙泰安里创办了"周氏家塾"，开创了湖南教育史上新的一页。

　　朱剑凡为实现自己的志向，不惜毁家兴学。1907 年，女学正式更为周南女学堂，次年又增设了缝纫、音乐、体育等专修科，需要扩建校舍，朱剑凡捐出自己泰安里私宅作为周南永久校址，加上其它捐献，总计资产价值达 11.1 万元，使周南女校具备了相当的规模。以后的办学过程中，朱剑凡也是竭力筹措，甚至典卖自己的田产、金银来维持学校开支。

　　朱剑凡办学，旨在以济世之才救国，他提出了"教育要与社会生活相结合，要为社会改革和建设而服务"的办学方针。朱剑凡办学，一求良师，要求教师有精深的学识，先进的思想和高尚的人格，只要具备这些特点，便不惜重金，不拘一格，多方罗致；二树校风，其校训为自治心（节制整洁），公共心（博爱仁恕）、进取心（勤勉耐劳），三倡自立，提倡学生自学并利用假日组织学生出游，扩展视野，同时提倡学生自治，使学生在民主气氛中得到锻炼；四重文体，开办体育专修科，设篮球、排球、网球、垒球四个项目，召开春秋两季运动会，每年 5 月 1 日校庆和新年元旦举行游艺会，由学生自编自演，旨在使女学生从中强壮身心，增益才智；五主自由，鼓励支持学生投身革命斗争，投身社会活动，以爱国民主思想教育学生，提倡学生思想、言论、信仰自由，认为这是时势的需要，亦是青年成长的良好方式。

　　朱剑凡曾资助徐特立创办了湖南省最早的教育专业刊物——《周南教育》，并于 1919 年 10 月支持周南学生创办了革命周刊《女界钟》，这是湖南妇女界最早的一个进步刊物。

　　朱剑凡在办学的同时，积极参与革命活动，1907 年，他带领学生参加了反对满清所谓"铁路国有"的斗争，举行罢课。1911 年，带领学生鼓动湖南新军响应武昌起义。1919 年，他团结教育界开展了"驱张（敬尧）斗争"，担任过湖南留法勤工俭学学生筹款组织负责人，并支持与成立"救国十人团"、"国贷维持会"开展活动，曾被省当局以"过激党"罪名通缉。朱剑凡与毛泽东、徐特立等人都有着深厚的友谊。

　　朱剑凡办学，旨在改造社会，也确实培养了大批济世之才，著名妇女运动领袖向警予、全国妇联主席蔡畅、著名作家丁玲等，都是周南女校的毕业生。周南女校不仅为女子求学和自立提供了场所和条件，而且为中国革命培养了大批人才。

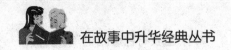
夏丏尊

教育家，原名铸，字勉旃，号闷庵，小名钊。浙江上虞人。1901 年中秀才。1905 年留学日本，次年入东京高等工业学校。1907 年因负债累累，辍学回国。1908 年，应沈钧儒之邀聘，任浙江两级师范学堂通译助教，曾与鲁迅共事，来往甚密。1913 年学校改称浙江省第一师范学校，由于不满于原有国文教师的教学方法，毛遂自荐当了国文教员。他的教学注重读、听、写并举，要求学生作文须言之有物，不说假话，不作无病呻吟，避免用陈腔滥调，一改旧状，大有长进。1919 年，他与教员陈望道等人站在新文化运动前列，被誉为浙一师"四大金刚"，引浙江当局关注。1920 年因"木瓜之役"激起风潮，被迫离校，应聘于长沙湖南第一师范教国文，曾与毛泽东、周谷城等共事。1921 年，回家乡上虞县春晖中学任教，与朱自清、朱光潜、丰子恺等志同道合的朋友一起，把春晖中学办成了学习的乐园，传为美谈。1927 年，应邀任上海暨南大学中国文学系主任，大革命失败后，为抗议国民党反动派屠杀革命青年的行径，愤然辞职，回乡从事翻译研究工作。1929 年，译著《爱的教育》和《续爱的教育》先后出版发行，风行一时。

1931 年 1 月，夏丏尊主编的《中学生》杂志创刊，次年，杂志的主编由叶圣陶担任，他为杂志社社长。两人亲密合作，广开言路，广交朋友，使《中学生》成了广大中学师生的良师益友。这期间，他撰写了一系列文章，阐述自己的教育思想。在《你须知道自己》中，他认为，学习首先要明确学习目的，倘若只为谋取一种资格，将来"靠文凭吃饭"，这是因袭封建的恶根性。他希望青年人追随时代潮流而前进，为广大的人求幸福。《受教材与受教育》中，他指出：所谓教育，就是能力的给予的设计，学校就是为施行这种设计而特造的人为环境。他认为，学习课本或教材上的基础知识，固然需要，但如果仅仅满足于此，那只能算是受教材，谈不上受教育。他还教导因种种原因失学的孩子，坚定地走"自学"和"自己教育"的路，求得真才实学，这样就能越过"一张文凭"的关卡，得到社会的爱护和尊敬。

1933 年，夏丏尊与叶圣陶发起、创办了上海市私立开明函授学校，夏任校长，并聘请了陈望道、陶希圣、林语堂、胡愈之、茅盾、周建人等一大批名家担任讲师和顾问。经努力，一大批高质量的教材相继出版。其中有：1934 年，他与叶圣陶合著读写故事《文心》；与叶圣陶、宋云彬、陈道望合著的《开明国文讲义》；1935 年，与叶圣陶合著的《国文八百课》；1938 年与叶圣陶合著的《阅读与写作》、《文章与讲话》等。其中，《国文八百课》被誉为 30 年代"颇具特色"的国文教科书，《文心》几乎成为中学生的必读书。

1938 年，夏丏尊应邀到上海南屏女中教国文。次年，与傅泽华等发起组织中国语文教育学会。1945 年 11 月，中华全国文艺家协会上海分会成立，他被当选为理事。1946 年 4 月 23 日与世长辞。

夏丏尊一生著述颇丰，有 3 卷本《夏丏尊文集》等。

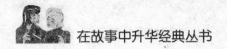

陈　时

　　现代爱国教育家。号叔澄，湖北省黄陂县人。1907 年年仅 16 岁时留学日本。留日期间，他结识了孙中山、黄兴等先进人物，产生了强烈的救亡图存思想。1909 年加入同盟会。他对教育有特殊的兴趣，经考察日本的教育，他得出结论："人才是国家的财富，教育是治国的根本。"他深受日本教育家福泽谕吉和大隈重信的影响，受其办学经验的启发，立志在中国开办私学，教育救国。

　　陈时回国，正值辛亥革命之时，他热情参与了革命，并说服父母及家人捐出"田产 200 石，白银 3000 两，官票 5000 串，藏书 3000 余部"，在革故鼎新之际，于武昌创办了一所既不依赖洋人、也不依赖官府的私立大学，这所"尽力为国民服务"的"武昌私立中华学校"于 1912 年 5 月 13 日诞生，恭名者众多。陈时的父亲陈宣恺任校长。同年 10 月，黎元洪拨粮道旧署为中华学校永久校舍。1915 年，教育部正式认可该校为大学。

　　1917 年，陈宣恺逝世，陈时继任这所学科齐全的现代综合性私立大学的代表人和校长。他当时受资产阶级革命思想的影响，主张教育独立、兼容并蓄、发展个性，崇尚自然，并为中华大学制定了"成德、达材、独立、进取"的八字校训，使学校充满朝气，并成为武昌新文化运动的中心。

　　陈时办学，可概括为爱国、尊师、爱生。他兴办私立大学，旨在远离朝廷的腐败，为国培养出急需的人才。然而他所处的时代正是战乱不断，权力不断更换的年代，具有较高声望的中华大学也成了各种势力争夺的对象，但陈时以"我只办教育"为名，坚持教育独立的主张，一心办学，不附权贵，日本侵略期间，更不顾条件困难，举校西迁，表现出崇高的民族气节。新中国成立之后，年近六旬的陈时把自己苦心经营近 40 年的中华大学交给了新中国。

　　陈时办学伊始即提出"尊师重道"、"唯才是举"的教育主张，聘请了一大批留美而有声望的知识分子作为学校的台柱。为"昌明文教，启迪士林"，他倡导教师礼仪。另外，他还邀请国内外学者前来讲学，中华大学一度出现了"印泰戈尔，华蔡孑民，军蒋百里，军顾维钧，杜威哲学，康果史经，一时鸿博，靡不莅临"之盛况，学生成绩也因此而成为各私立大学之冠。

陈时极其爱护学生，而且知人善用。恽代英在中华大学学习期间，由于品学兼优受到陈时的注意，陈时让恽代英主办代表一校学术水平的《光华学报》，并给予了相当的自主权，后来又聘请恽代英担任中华大学中学部教务主任。陈时同情革命，更不顾自己的安危保护那些因参加革命而被捕和遭通缉的学生。1925年，武汉教会学校开除了一批参加反帝运动的学生，陈时也将他们全部接收到中华大学附中继续学习。

陈时引进欧美方法创办了我国第一所私立大学，培养了包括大批革命者在内的众多人才，为中国的建设做出了很大贡献，也在中国现代教育史上占有重要的地位。

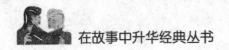

黄齐生

杰出的民主战士，爱国教育家。号鲁连，亦曾自号为达人，石公等。贵州省安顺县人。

黄齐生自幼熟读经书及历代诗词、小说，也曾阅读西方资产阶级的政治哲学名著，使他产生了初起的民主思想。1904年，25岁的黄齐生担任了贵州达德学校校长，他积极用自然科学知识对学生进行破除迷信教育。在他的带领下，以他的外甥王若飞为首的十几个学生登上大雄宝殿，砸碎了被人们视为神圣不可侵犯的大小菩萨，大胆地向神权挑战。为了打破封建势力强加以妇女的束缚和禁忌，他冲破阻力，在达德学校兴办女学，他在贵州教育界首先聘用女教师上课，招收了十几名女生。不久，又在校内外大力提倡天足运动，反对损害妇女身心健康的包小脚的封建陋习。资产阶级改良主义破产后，他受孙中山革命思想的影响，逐步由改良派转向革命派，并在校内积极宣传革命思想，为以后贵州人民响应辛亥革命作了思想舆论准备。

1918年，黄齐生带领王若飞等学生前往日本求学。1919年，北京爆发了五四运动，黄齐生等回国，是年冬，又带领学生40余人踏上了旅欧求学的征程。他在对西方经济、文化、教育进行综合考察的过程中认识了蔡和森、徐特立等，并开始接触和认识马克思主义。1923年回国后，曾先后在上海南洋公学、达德学校和遵义省立三中任教。1929年到南京陶行知办的晓庄学校任教，次年应中华职业教育社之聘，任昆山徐公桥农村改进实验区总干事。在这一时期，他积极支持学生们的爱国进步活动，并经常把爱国、民主、科学的道理讲给学生们。当他的学生王若飞等因参加革命活动而被捕入狱时，他多方奔走，营救无辜青年，在社会上产生了重要影响。1934年，他先后在黄炎培主持的中华职业教育社漕河泾农工团和广西国民基础教育研究院工作。

1937年11月，黄齐生为考察共产党领导的抗日根据地形势抵达延安，受到毛泽东等中共中央领导人的亲切接见和高度评价。回贵阳后，他广为宣传共产党的抗日主张和北方的革命形势，并开展了大量的抗日救国宣传工作。此后，他受国民党迫害离开贵州到四川，先后在歇马场乡村建设育才院和四川壁山县正则艺专任文史教授，仍然坚持对学生进行爱国主义教育和革命宣传。1944 年黄齐生二赴延安，又为宣传中国共产党的方针政策做了大量工作。

1946 年 3 月，黄齐生作为教育界知名人士和民主人士前往重庆看望受国民党特务迫害，在校场口庆祝政协会议成功大会上受伤的进步人士。4 月 8 日，当黄齐生与王若飞、博古、叶挺、邓发等乘飞机返回延安时，不幸飞机失事，全体遇难。

俞庆棠

　　人民教育家。江苏省太仓县人。1914年毕业于上海务本女塾。1916～1919年先后就读于中西女塾与圣书院，参加"五四"运动，任上海学联代表，出席全国学联会。1919年秋，赴美留学，先后进哈佛大学和哥伦比亚大学学教育。任哥伦比亚中国学生会会长。与孟宪承合译杜威教育名著《思维与教学》、克伯屈《教育方法原论》两巨册，由商务印书馆出版。1922年毕业于哥伦比亚大学，获学士学位。回国后任江苏第二师范学校教师和上海大厦大学教授。她虽在大学任教，但对劳动人民子女的教育有深厚感情。她对中国的教育，只顾到一部分学龄儿童（在城市大都是中产以上的子弟，在乡村大都是地主的子弟），至于劳苦大众和他们的子女，绝大多数被拒于学校大门之外表示不满。为了培养民众教育的师资，1928年她在苏州创办民众教育学校，兼任校长。1929～1937年，民众教育学校迁址无锡，改为江苏省立民众教育学院，又创办劳农学院，后两院合并，改名为江苏省立教育学院。1930年辞教育行政职务，专任该院教授兼研究实验部主任，先后创办黄巷民众教育实验区第八个实验单位，主编《教育与民众》月刊。她亲自校订的《民众读本》成为全国扫除文盲的主要教材。在她看来，"最美好的东西，应该给予最大多数的人民。教育可以给予人们以新的生命和新的力量，就是最美好的东西，就应该给予最大多数的人民。"1932年她倡议成立中国社会教育社，作为研究社会教育学术，促进社会教育事业的学术团体，她被当选为常务理事和总干事，曾被誉为"民众教育的保姆"。抗日战争爆发后，她积极投身抗日救亡的教育活动，1938～1939年在四川创办松溉纺织实验区与乐山蚕丝实验区。1940～1945年先后任东英、沪江革大学教授。1945～1946年任中华职教社理事。1947～1948年任联合国教科文组织中国委员会委员及上海市实验民校校长。1949年出席中国人民政治协商会议，任中央人民政府教育部社会教育司长。同年不幸逝世。

闻一多

　　杰出的民主斗士，著名诗人、学者、教育家。原名亦多，字友三、友山，湖北省浠水县人。1912 年考入清华留美预备学校。1916 年当选为《清华周刊》总编辑，兼任《清华学报》编辑。1922 年赴美留学，入芝加哥美术学院学习绘画。返国，任北京艺术专科学校教务长。1926 年夏应邀到上海吴淞国立政治大学教 1927 年到南京任国立第四中山大学外文系主任 1928 年 10 月任武汉大学文学院院长兼中文系主任，从此，开始系统研究中国古典文学。1930 年到青岛大学任文学院院长兼国文系主任，1932 年到北京任清华大学中文系教授。1937 年抗日战争爆发，随清华大学南迁，与北京大学、南开大学在长沙组成国立临时大学，任临时大学教授，12 月，参加学生和教授组成的"湘黔滇旅行团"，徒步入滇 1941 年任西南联大中国文学部主任。1942 年，与华岗、吴晗、楚图南等十多位教授一起参加西南学术研究会。1944 年他正式参加了民主同盟，他所从事的政治活动有了新起点，不再是个人的自发行动，而开始通过民盟的组织形式按照共产党的指示行动了。第二年他被选为民盟中央执行委员，并任民盟云南省支部宣委兼《民主周刊》社社长。1941 年 7 月 15 日，他不顾特务盯梢，断然参加李公朴先生的追悼会，并愤然演讲，揭露反动派的罪行，当天被特务暗害，终年不足 48 岁。

　　闻一多教授在短暂的一生中，为中国的教育事业辛勤服务了 20 余年，在长期的教学实践中积累了丰富的经验，对发展我国的教育理论提出过不少很有见识的主张。出于对当时清华美国化教育导致恶果的忧虑，他曾撰文对旧清华的教育进行了大胆否定，并高呼"东方的文明啊，盍归乎来！"表现了对祖国文化深沉的热爱。他主张，大学教授讲课，应建立在自己独立的科学研究基础上。因此他呼吁大学应重视科学研究工作，并认为这是提高教师水平，提高教学质量的关键。对学生，他主张要学得活，他平时对那些考试时喜欢死背教师讲义的学生，要求极为严格，即使你都背了出来，也只按及格处理；对那些能独立思考，有所发挥的学生，即使答得并不完全，也以高分鼓励。这在当时的旧教育中，是不多见的。他的著作主要有《闻一多全集》留存于世。

魏书生

生平简介

魏书生，1950 年生，18 岁"上山下乡"，19 岁当民办教师，21 岁进工厂，28 岁起到中学任教至今。

由于成绩卓著，他先后被评为省先进班主任（1981 年）、省劳动模范（1982 年）、特等劳动模范（1984 年、1987）、特级教师（1984 年）、全国优秀班主任（1984 年）、全国劳动模范（1988 年）、全国中青年有突出贡献的专家（1989 年）、首届"中国十大杰出青年"（1990 年）……著名语言学家、教育家吕叔湘先生早在 1984 年便指出：魏书生"是个教育家"，而且"不是一般的教育家，他立志教育事业，有一种忘我精神。"

魏书生的奇迹和荣誉是干出来的。他从 1986 年起任辽宁省盘锦市实验中学校长兼书记，后又兼盘锦市教委副主任，另外还有全国教育科学规划领导小组成员、全国中学学习科学研究会理事长、全国中语会副理事长等 38 项社会兼职。但他始终不离教学第一线，一直坚持上语文课，并当班主任。他是教书育人的模范。在他手下，再乱的班级也会变好，再差的学生也能成才。他所教班级的学生德智体全面发展，素质高，升学考试成绩每届都名列全市前茅。

十多年来，魏书生已在除台湾省以外的全国 31 个省、市、自治区和港、澳地区作报告 1100 多场，上公开课 600 多次，堪称全国之冠。他热爱教书，酷爱读书，也善于写书，至今已发表了 100 多篇文章，主编、撰写出版了 15 本书。其中《班主任工作漫谈》、《家教漫谈》和《魏书生文选》（一、二卷）等著作均已重印多次，越来越受欢迎和好评。《教育改革家——魏书生》一书出版时，陈慕华、孙起孟、陈锡联、张承先、柳斌等领导同志出席了在人民大会堂举行的座谈会，对魏书生及其有关著作给予了高度的评价。国家教委

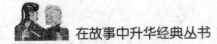

副主任柳斌同志还特地为《家教漫谈》一书题了词。

观点与思想

一、自强：魏书生教育思想形成的基石

1. "自强、育人、教书"，魏书生教育思想的"金字塔"。人最大的敌人莫过于自己。在体育比赛中经常听到一句话：我们不是被对手打败了，而是被自己打垮了。因此，构筑自己的精神堡垒，对每个人来说显得尤为重要，对教育者来讲更是如此，而这个"构筑"的过程我想就是魏书生讲到的自强。"把教书放在第三位，把育人放在第二位，把自强放在第一位"，一直是魏书生多年以来所提倡的。如果把它竖立起来，便成了一座"金字塔"。塔基是"自强"，塔身是"育人"，顶端是"教书"，每一层次之间有着相互依存的关系。建造塔基的过程也就是自强的过程，其底面积愈大，稳度就愈高。育人起到一个承上启下的作用，如果离开育人去构筑金字塔的顶端，是不可能的。也正是因为平时我们缺少了这个稳固的"自强"基础，只建造了上面的两级，结果才不理想。北京师范大学教育科学院博士生导师陈会昌教授在他的"尊重平等教育新的德育观"中曾经提到一个观点："我们过去在对学生进行思想品德教育和社会化教育的时候，起点或开端往往是不恰当的，从儿童的人格发展和社会化次序上来说，应该说是一个从自我向他人、从低向高的演进的过程"，即德育的"自我——他人"途径。这一观点，从受教育者自身出发，让学生首先认识到自己是一个有独立尊严、有自身存在价值、又有社会责任的人，同时，和他在一起生活的每一个人也都是这样的人，无疑是有道理的。假如我们再进一步探析，把教育者和受教育者放在一起考虑，那么对学生思想教育的前提又是什么呢？我想塑造"健康的教师"是其中最重要的条件之一，教师自身找到了自己的支点后，心理才能建议一个平衡，才能用正确的人生观、价值观与学生沟通，因此，从广义上说，这一"起点"还应该前移。选择教育者的自强，更为合适些。

2. 境界与享受，魏书生的"自强"快乐观。境界是"事物所到达的程度或表现的情况"，可以指人也可以指物；享受往往是对人自身而言的，二者之间有着密切的联系。当人对事物的追求达到了一个很高的程度和状态，那他

从精神上就会得到一种满足，对自己来讲就是一种享受，否则，便是一种痛苦。魏书生把生活当成了艺术，从生活中得到了艺术的乐趣，找到了自己人生的支点，达到了很高的境界，也就享受到了生存的快乐与幸福。

3. 要正确处理四个关系，是"自强"的关键。人是地球上最复杂的、最奇妙的生命体。人人都在生活，但享受生活，也绝非一件易事。人人都想自强，可真正做到自强也不是容易的。魏书生提到如果要想自强，必须处理好四个关系，即处理好人与社会的关系；处理好和本职工作的关系；处理好人际关系；处理好自己与自己的关系。这里边包涵两层意思，其一，"适者生存"的观点。魏书生强调"人总以理想主义的态度鼓励自己去学习、去奋斗、去钻研、去思考、去工作，但不能用理想主义的标准要求社会"，"一是不神话任何人，二是不瞧不起任何人，三是与他人建立互助的关系"。其二，"超越自我"的观点。有人认为，魏书生的观点就是知足常乐，其实并不是这样。在他的理念中具有强烈的进取意识，他所讲到的快乐是建立在奋斗之上的，知足常乐并不乐，在奋斗中寻求生活的乐趣，才能得到真正的快乐。他谈到："道德是解放自我，其次是珍爱自我，第三是超越自我，这包括观念的超越、能力的超越、情感的超越、行为习惯的超越"，这一点与近代公民人文主义所探讨的积极活跃生活是相吻合的。

二、创新：魏书生教育思想不竭的动力

人的价值在于他的创造性，教育教学工作更是如此。随着素质教育和新课程的实施，"创造"这一词使用频率愈来愈高，翻阅相关文献资料时就会发现，这应该说是件好事。可是回过头来看看，又会发现一个问题：真正意义上的创新成果并不多，"轻描淡写，换汤不换药"者居多。魏书生的一些做法应该对我们有所启发。

1. 深入研究是创新的本质。创新就是抛开旧的，创造新的，创新的关键在于对客观事物研究的深度。"创新不是遍地挖坑，而是往深处钻井"，"拿起眼前可为的平平常常的事业，自己瞧得起自己，全身心的钻进去，看到里面的无限广阔，发现他深层次的规律，越干越高兴，越快乐"。这是魏书生的主张，可以说通俗之中蕴含着很深的哲理。

首先，科学教育需要创新。科学是为了求真，解决的是客观世界及其归

193

宿的问题，要回答的问题是"是什么，为什么"。大到伟大的科学家，小到平常人，都需要钻研，而后才能有创造性的突破。爱因斯坦曾写过一篇《悼念玛丽·居里》的文章，其中有两段话："她之所以能够取得她一生中最伟大的科学功绩——证明放射元素的存在并把放射性元素分离出来，不仅靠大胆的直觉，而且也靠在难以想像的极端困难的情况下工作的热忱和顽强，这样的困难，在实验科学的历史上是罕见的"，"居里夫人的品质力量和热忱，哪怕只有一小部分存在于欧洲的知识分子中间，欧洲就会面临一个比较光明的未来"。中国的科技水平同欧洲一些国家相差甚远，我想这种精神对我们就更为重要了。叶剑英元帅曾用五言诗激励后人，"攻城不怕坚，攻书莫畏难，科学有险阻，苦战能过关。"

其次，人文教育更需要创新。人文教育不是人文学科知识简单的组合，而是以此为基础，揭示与塑造人文精神。由于人文精神体现人性的本质，带有内隐性，是教育的最高目的。因此，需要教育者去深入挖掘，确定人文目标，建立和谐的人际关系，找准切入点。譬如，学雷锋精神时代的新内涵。首先，雷锋是一个很自强的人，他深知现在的"甜"与过去的"苦"密不可分，因此，他把为人民服务当作了自己的工作，并从中获得了快乐。其次，雷锋酷爱学习，有强烈的进取精神，享受到了快乐学习。因此，我们要向雷锋同志学习，在学习中变被动为主动，享受学习的快乐。这样的切入点，可能比出去做几件好事的效果要好。

2. 广博的知识是创新的关键。创造性的思维是整体的思维。逻辑思维是这个整体思维的正确性的坚实基础，而形象思维则是这个整体思维的主要创作源泉。创造思维不仅来源于对问题的深入钻研，更得益于深厚的基础知识和广博的知识面。魏书生先生的创新论，包含了文学、史学、哲学、宗教、人文社会学、心理学和自然科学等知识。在教育教学实践中，他也在不断地启迪学习拓展知识面，进行研究性学习。如"谈学习是享受"这一命题作文，学生写了90多篇，涉及面之广之深。令人赞叹。我们在平时的教育教学中，如果换个角度谈问题，可能会找到另一片天地。譬如，当语文教师讲到李白的《望庐山瀑布》"日照香炉生紫烟，遥看瀑布挂前川"时，可以从光学角度用光的漫射现象进行分析，从而凸现诗人对客观事物观察的仔细和严密性。学到韦应物的"春潮带雨晚来急，野渡无人舟自横"时，也可以动用流体力学原理去分析为什么会出现"自横"，这样学生理解的会更深。当理科教师讲到牛顿 $f = ma$ 时会说，这个公式对客观事物的本质概括是多么的简洁、协调、整齐和有序，超过任何语言。总之，教育创新需要深度和广度，更需要抛弃形式上的东西，只有这样才能有所突破。

"守护心灵的净土"，构筑自己的精神城堡，用一颗平常的心，实实在在做自己的事情，你会享受到生活带来的快乐与幸福，这也许是我对魏书生思想的最深感悟。

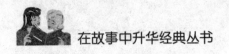

李镇西

生平简介

李镇西，男，1958年8月生，苏州大学教育哲学博士，语文特级教师，曾荣获四川省成都市优秀专家、2000年全国十杰中小学中青年教师提名奖。现任成都市盐道街中学外语学校副校长。

他认为从心灵到民主，其实并没有什么本质的不同。因为民主本身就是对心灵——实质上是对人性的关怀。1982年四川师大中文系毕业后，在乐山一中担任语文教学工作兼任班主任，1991年到成都市玉林中学执教语文课并兼班主任，1997年到成都市石室中学任教。2000年到苏州大学攻读博士学位，2003年6月博士论文《民主教育论》获得通过，并完成博士学业。2000年全国十杰中小学中青年教师提名奖，2003年获得四川省获成都市中小学教育专家的荣誉称号。后任成都市教育科学研究所教育发展研究室主任。四川省新教育实验学校（原成都市盐道街中学外语学校）教书（做班主任），并任该校副校长。已发表数百篇文章，相继出版了《青春期悄悄话》、《爱心与教育》、《走进心灵》、《从批判走向建设》、《教育是心灵的艺术》、《花开的声音》、《风中芦苇在思索》、《教有所思》、《民主与教育》等12部专著作。1998年12月，在北京举行的纪念苏霍姆林斯基80诞辰国际学术研讨会上，著名教育家苏霍姆林斯基的女儿、乌克兰教育科学院院士苏霍姆林基卡娅赞誉他是中国的苏霍姆林斯基式的教师。教育哲学博士、四川省中学语文特级教师、全国优秀语文教师、有突出贡献的优秀专家、成都市中学语文专业委员会常务理事、中国教育论坛的版主。他告诉我们：所有的学生都是爱老师的，关键是你能否感受到爱。正如世界上不缺乏美。缺乏的是发现美的眼光。他告诉我们：爱不等于教育的全部，但教育不能没有爱。爱不是迁就学生，不是放弃严格要求和严肃的纪律。"不是溺爱，要关爱。"再拿一个令班主任和老师都头痛的后进生问题来说，他告诉我们：不要把后进生当成头痛的问题，而要把他们当课题。与其去争那几个有限的市级课题、省级课题、国家级课题，不如去解决眼前的实际问题。其实解决实际问题的同时就是在做研究型的教学，就是在做实际的课题。

观点与思想

李镇西的教育思想是崇高的，他提醒我们，要做一名合格的、优秀的人民教师，必须具有高尚的师德，而师德的灵魂是爱心，爱心和教育是密不可分的。

第一，有爱就有教育。师爱是师德的灵魂。优秀教师共同的特点是热爱祖国、热爱人民、热爱教育、热爱学生。做学生的好老师，首先就要爱学生。要把学生当作自己的亲生孩子一样对待。用慈母般的心情去教育、去关怀每一个学生，去爱护和培养每一位学生。伸出温暖的双手，献出真诚的情和爱，扶持他们一步步长大。

第二，教师队伍是发展教育事业的决定性因素，必须全心全意地依靠人民教师队伍。教师工作是平凡的，每天都在做着一件又一件平凡的事情，然而这些事情却连着千家万户，连着祖国的未来。没有广大教师的艰苦奋斗和献身精神，就没有教育事业的今天，就没有青少年一代的健康成长。

第三，要把师德建设放在教师队伍建设的首位。学高为师，身正为范。师德是教师最重要的素质。李镇西之所以能在平凡的岗位上做出了不平凡的业绩，这和他具有的高尚的师德是密不可分的。